Wie Cassius und Florentius nach Bonn kamen

Nichts ist gesichert über die Bonner Stadtpatrone

von Norbert Flörken

Bibliografische Information der Deutschen Nationalbibliothek:

Die Deutsche Nationalbibliothek verzeichnet diese Publikation in der Deutschen Nationalbibliografie; detaillierte bibliografische Daten sind im Internet über http://dnb.dnb.de abrufbar.

Herstellung und Verlag:
BoD – Books on Demand, Norderstedt
ISBN: 9783746067445

Inhalt

Abbildung 1: Die Reliquiare des Cassius und des Florentius

Einleitung

Alljährlich im Oktober feiert die Pfarrei der Bonner Münsterkirche das Fest der beiden Stadtpatrone Cassius und Florentius. Allerdings sind diese beiden Männer – im Gegensatz zur dritten Stadtpatronin, der heiligen Adelheid von Vilich – unhistorisch. Auf der Internet-Seite www.stadtpatrone.de ist vorsichtig die Rede von eine(r) alte(n) und ehrwürdige(n) Legende aus der Zeit des frühen Christentums, nichtsdestotrotz wird weiterhin verbreitet, u.a. auf YouTube:

→ diese beiden, ausserdem (gelegentlich) Eusebius, Gereon, Victor, Mallusius – seien römische Soldaten gewesen,
→ Soldaten der ›Thebäischen Legion‹ ,
→ hätten dem heidnischen Kaiser die Verehrung verweigert,
→ seien also hingerichtet worden,
→ und zwar in Bonn,
→ seien unter dem jetzigen Bonner Münster begraben worden.

Abbildung 2: Cathédrale St. Cassius et St. Florentius

(Deroy, 1826)

Die literarischen Belege

Die ältesten Zeugnisse zum Thema (im weitesten Sinne) sind die ›Passiones‹ (Leidensgeschichten), die Bischof **EUCHERIUS**[1] von Lyon etwa 450 n. Chr. und ein **ANONYMUS**[2] um 400 n. Chr. verfasst haben. Um 390 n. Chr. sind nämlich in Acaunus (dem späteren Saint-Maurice in der schweizerischen Diözese Martigny) die Überreste von Toten geborgen worden. Theodor, der örtliche Bischof, und sein späterer Kollege Eucherius aus Lyon erklärten sie schlichtweg zu Märtyrern; Eucherius schreibt:

> *(10) Als dies alles dem [Kaiser] Maximianus gemeldet wurde und er einsah, dass die Männer im christlichen Glauben verharrten und ihre Standhaftigkeit nicht erschüttert werden konnte, ordnete er*[3] *an, dass alle getötet werden sollten und dass der Befehl von den benachbarten Einheiten ausgeführt werden sollte. Als diese zu der heiligen Legion kamen, zogen sie das gottlose Schwert gegen die Heiligen, die sich nicht beklagten und sich nicht weigerten zu sterben. Sie wurden also mit dem Schwert getötet, widerstandslos, indem sie den Henkern den Nacken darboten oder den Schlächtern die Kehle oder den unbedeckten Körper. [...]*
>
> *(13) Die folgenden sind die Namen der Märtyrer: Die Heiligen Mauritius, Ex[s]uperius, Candidus und Victor. Die Namen der übrigen sind unbekannt, aber im Buch des Lebens aufgeschrieben.*
>
> *(14) Aus derselben Legion sollen auch gewesen sein jene Märtyrer Ursus und Victor, die - so wird erzählt - bei Solothurn den Märtytertod erlitten haben. Solothurn ist ein Militärlager am Fluss Aare und nicht weit entfernt vom Rhein.*

Die (lateinischen) Texte des Anonymus und des Eucherius wimmeln von Fehlern und Ungereimtheiten, z.B.:

→ Es gab nie eine ›Thebäische Legion‹;
→ die militärischen Ränge sind abwegig;
→ die Kollektivstrafe der Dezimierung war längst nicht mehr gebräuchlich;
→ eine Legion hatte schon längst nicht mehr die Sollstärke von 6.000 Mann;
→ dass eine komplette Legion zur Strafe getötet wird, ist völlig aus der Luft gegriffen;
→ ab 302 gab es zwar Repressalien gegen Christen, aber keine Hinrichtungen;
→ ausser Anonymus/Eucherius gibt es kein antikes/frühmittelalterliches Zeugnis der behaupteten Ereignisse.
→ In einer späteren Ausgabe des Eucherius heisst es, die Soldaten seien vor ihrem Einsatz in Gallien von Marcellinus, dem Bischof von Rom, empfangen worden

– der ist aber erst 296 n. Chr. geweiht worden, die Massenhinrichtung wird aber auf 288 datiert.

> *Als Ergebnis bleibt festzuhalten, dass weder der historische Rahmen noch die Einzelheiten der passio einer militärgeschichtlichen Prüfung standhalten. Im wesentlichen bleibt somit das Ergebnis Denis van Berchems bestehen, dass der Legende vom Martyrium der Thebäischen Legion kein historischer Kern zu Grunde liegen kann, der sich auch nur annähernd in der beschriebenen Form abgespielt hat. Dies ist bei jedem Versuch, die passio in ihren historischen Rahmen einzuordnen, zu berücksichtigen. (Speidel, 2005),*

und:

> *Aus der Passio Acaunensium martyrum des Eucherius beispielsweise lässt sich nicht als historischer Kern herausschälen, was im einzelnen in den Zeiten Maximians und Diokletians bei Saint-Maurice passiert sei. (Näf, 2005, S. 96),*

und:

> *Der Aussagewert der Passio [des Eucherius] bleibt aufgrund der Kenntnis um den antiken Geschichtsverlauf in der modernen Forschung umstritten. (Kremer, 1993, S. 203),*

und:

> *Dessen [des Eucherius] Auskünfte zur Herkunft und zum Geschick der Martyrer bereiten jedoch wegen zahlreicher Anachronismen grosse Probleme. (Seeliger, 2006, S. 1386).*

Mit anderen Worten: Wenn Cassius und Florentius als Soldaten der Thebäischen Legion hingestellt werden, ist ein erster Zweifel an der Glaubwürdigkeit erlaubt.

Der nächste antike Autor ist **GREGOR VON TOURS**[4] (538 – 594 n. Chr.). In seinem ›Liber miraculorum‹ (Wunderbuch) erzählt er ganz allgemein von 50 Thebäern – aber in Verbindung mit Köln:

> *Es gibt bei Köln eine Kirche, in der 50 Männer aus jener heiligen Legion der Thebäer in Christi Namen das Martyrium erlitten haben sollen. Und weil sie wegen des bewundenswerten Mosaiks gleichsam vergoldet aussieht, wollten die Einwohner jene Kirche zu den ‚goldenen Heiligen' nennen.*

Nunmehr sind die Thebäer in Köln getötet worden – allerdings fehlen immer noch die Namen Cassius und Florentius.

Das **MARTYROLOGIUM HIERONYMIANUM** – eine Art Heiligenkalender aus dem 5. bis 7. Jahrhundert, das fälschlich dem hl. Hieronymus zugeschrieben wird – verheddert sich heillos in den Angaben zu den Toten:

modern	römisch	Monat	Text	Sterbeort	MH, Seite	Codex
10.Okt.	UI Idus	Oct[obris]	et alibi Cassi Eusebii Florentii Uictoris Agripine Mallusi cum aliis tricentos XXX	anderswo	131	Bernensis (Ende des 8. Jhdts.)
10.Okt.	UI Idus	Oct	cassi eusebi florenti uictoris agripinae mallus cum aliis CCCXXX	Köln	131	Wissenburgensis (Mitte 8. Jhdt.)
30. April	Pridie Kalendae	Maii	cassius florentius in Alexandria	Alexandria		
22.Sep.	X Kal	Oct	loco Acauno nat[...] sanctorum Mauricii Exsuperii Candedi Uictoris Innocenti Uitalis cum sociis eorum VI mil[ia] VI centi sexaginta sex martyres	Acaunus	124	Bern.
08.Okt.	VIII Idus	Oct	in Gall[iae] civi[tate] coloni[ae] agrippin[ae] sancti gereon et aliorum CCCXCII	Köln	130	Epternacensis, ca. 700 n., Chr.
09.Okt.	VII Idus	Oct	in Gall[iae] civit[ate] colonie agripine nat[...] sanctorum Gereon cum sociis suis tricentorum decim et VIII martyrum quorum nomina d[ominu]s scit	Köln	130	Eptern.
09.Okt.	VII Idus	Oct	Et alibi cassi eusebi florenti iocundi agripinae depos[...] sanctorum mar[tyrum] maurorum cum aliis CCCXXX.	anderswo, Köln	130	Eptern.

→ Mal sind Cassius und Florentius an einem 30. April in Alexandria gestorben,
→ dann wiederum anderswo (alibi),
→ dann zusammen mit einem Eusebius und einem Iocundus,
→ mal an einem 9. oder 10. Oktober in Köln,
→ dann wieder Gereon an einem 8. und 9. Oktober in Köln.

Diese drei Namen - und dazu Victor - tauchen zum ersten Mal in einer ›Passio Gereonis‹ auf, die dem Mönch **HELINANDUS FRIGIDIMONTIS**[5] (um 1200 n. Chr.) zugeschrieben wird - also rund 800 Jahre nach den angeblichen Märtyrertoden in Acaunus/Saint-Maurice:

Kapitel 1.

Die Standhaftigkeit im Glauben und das Martyrium.

[...]

8. Als in Gallien ein schädlicher Aufstand gegen das römische Reich sich erhoben hatte, hat [Kaiser] Maximian in Italien ein Heer zusammengstellt und die Thebaischen Soldaten Mauritius, Gereon, Victor und anderer Männer derselben Abteilung – sie waren bereits in die Sakramente des wahren Glaubens und der seligmachenden Taufe durch den Bischof von Jerusalem eingeweiht worden – zu Hilfe geholt. Diese begaben sich alsbald, den kaiserlichen Befehlen dem militärischen Gebrauch entsprechend folgend, einträchtig auf diesen Feldzug, ein jeder mit seinem Gefolge bewaffnet und gestärkt durch göttlichen Rat. [...]

13. Dies geschah in Acaunum, wo der grösste Teil des heiligen Heeres lag. Von dort folgten sie den Spuren der Vorausgegangenen und fanden die angesehenen Soldaten Cassius und Florentius mit sieben anderen ähnlich standhaften Männern, die bei der Stadt Verona am Flussufer waren, und weiteren desselben Heeres, aber nicht derselben Tapferkeit. Als diese aber erkannt hatten, dass sie von der östlichen Leibgarde waren, wüteten sie gegen sie und fragten sie nach ihrem Glaubensbekenntnis aus. Und als jene weder von dem Willen des Herzens noch von der obigen Antwort abwichen, sind sie mit entblössten Häupten auf der Stelle im Namen Christi getötet worden.

14. Bald kam der Verfolger zu dem heiligen Gereon und seinen 318 Kameraden [...]

Victor kommt zweifach vor: als Victor von Solothurn, Märtyrer, bei Eucherius, und Victor von Xanten, Märtyrer, bei Helinandus - sehr merkwürdig.

Was Gereon und die anderen von der Rhone an den Rhein verschlagen hat, wird von Helinandus vage angedeutet:

→ Derselbe Maximian, der - angeblich - die Massentötung angeordnet hat, zieht 288 n. Chr. über die Alpen nach Norden an die Kanalküste, um den Aufstand des Carausius niederzuschlagen;

→ Gereon und die anderen waren an diesem Feldzug beteiligt, so dass sie dem Massaker in Acaunus entgangen sind;

→ nunmehr werden sie jedoch in der Nähe der Stadt Verona, am Ufer des Flusses gestellt und getötet. ›Verona‹ ist ein mittelalterlicher, konkurrierender Name für Bonn.

Eine gewisse Verlegenheit ist dem Verfasser der ›Passio Gereonis‹ anzumerken: Er räumt ein, dass die Männer nicht an einem einzigen Tag getötet worden sind, auch nicht an ein und demselben Platz (cap. 2 und 23)[6]. Der Verdacht liegt nahe, dass um

1200 n. Chr. etwas passend gemacht werden sollte, was eigentlich nicht zusammengehörte. Denn auch in Trier, an der Kirche St. Paulin, behauptet man die Gräber der Thebäischen Legion zu haben, z. B. eines dux Thyrsus[7].

> *Diese posthume Thebäisierung lokaler Märtyrer ist nun kein auf Turin beschränktes Phänomen, sondern findet sich auch andernorts wieder – zum Beispiel in Xanten am Niederrhein. (Jäggi, 2005, S. 173). Dass diese Verbindung [der Gräber] mit den Thebäern nicht ursprünglich bestand und rein legendär ist, ist demnach sicher. (Höroldt/Keller/Müssemeier, 2010, S. 47).*

Kremer vermutet, dass die Königin Suavegotta, Ehefrau des Frankenkönigs Theuderich I., um 520 n. Chr. den Ruf der ruhmreichen Thebäer von Acaunus ins Rheingebiet gebracht hat (Kremer, 1993, S. 207) - ihr Vater Sigismund hatte das Kloster in Acaunus/Saint-Maurice 515 n. Chr. gestiftet; vielleicht hat Suavegotta auch gleich die passenden Reliquien nach Köln gebracht.

Die **ACTA SANCTORUM**[8], der von den Jesuiten seit 1643 aufgestellte Heiligenkalender, formulieren sehr vage:

> *Sehr wahrscheinlich haben am Ende dieses Jahrhunderts oder zu Anfang des folgenden Jahrhunderts die heiligen Gereon, Victor, Cassius, Florentius und ihre Kameraden in Köln und in der Nachbarschaft [den Märtyrertod] erlitten.*

Letztlich setzen sich die Verfasser der Acta Sanctorum über die Bedenken, dass sie wohl kaum alle an ein und demselben Tag getötet worden sein können, schlicht hinweg.

Im Jahre 1766 beginnt der kurfürstliche Hofrath Johann Philipp Neri Maria Vogel seine mehrteilige **BÖNNISCHE CHOROGRAPHIE**[9], die er in den folgenden Jahren in den kurkölnischen Hofkalendern fortsetzt, damit also eine offizielle Geschichtsschreibung und -deutung etabliert. Es ist eine Geschichte Bonns seit der Römerzeit; gegen Ende dieses ersten Teils schreibt er zum Jahr 1166:

> *A[nno] 1166 erhube der Erzbischof und Churfürst Reinoldus von Dassele die Leiber deren heiligen Martyrern Cassii, Florentii, Mallusii, so beynahe 875 Jahr an der noch heutigen Tages genannten Mordkapellen bey Endenich am [Kreuz-]Berge unter der Erden vergraben gewesen, und liesse selbige in die Stiftskirche [=Münsterkirche] zu Bonn mit grosser Pracht und Zulauf vieler Fremden übertragen, verordnete auch, daß künftighin den 2ten May dieses Fest der Translation zu Bonn gehalten werden sollte.* CATAL[OGUS] PRAEPOSIT[ORUM] BONN[ENSIUM][10]. *Gelenius schreibet, daß man bey Ausgrabung deren heiligen Leiber die Erde annoch mit scheinbarme Blute befarbt gefunden.* GELEN[II] FAST[I] COL[ONIENSES][11] AD 2. MAJI.

Nunmehr ist die Verwirrung komplett: Wenn man Vogel folgt, waren die Leiber der Märtyrer zunächst in der Erde von Endenich und erst ab 1166 in der Münsterkirche, also nie in dem römischen Gräberfeld; also ist die Kirche überhaupt nicht über den Gräbern von Märtyrern gebaut worden. Demnach würde die Herleitung der Münsterkirche aus den Gräbern der Thebäer wie ein Kartenhaus in sich zusammenfallen. Jedoch geht der Verfasser Vogel – wie damals üblich – nicht besonders kritisch mit den Quellen um; so wiederholt er die alte Mär, daß die Kaiserin Helena im Jahre 316 die Kirche zu Ehren der Märtyrer und zugleich ein Kloster für 30 Geistliche gestiftet habe. Die Chorographie Vogels fällt also für die Variante Endenich aus.

Die historischen Belege

Kurz vor 700 n. Chr. tauchen unvermittelt die Namen Cassius und Florentius in Verbindung mit Bonn auf. Ein **HELMGAR**[12] schenkt 691 oder 692 n. Chr. der Basilika der Heiligen Cassius, Florentius und ihrer Kameraden ein Weingut am Rhein:

> *[...] Im Angesicht Gottes und zur Mehrung des Lohnes oder zum Heil unserer Seele treten wir ab an die Basilika der heiligen Cassius und Florentius und ihrer Kameraden in der Vorstadt des Lagers Bonn Gebäude in jener Siedlung, die Briubach heisst, am Rhein ein Weinberg mit Hof und Haus, Ackerland, Wald und Wiese soviel wie zum Hof oder Weinberg gehört.*
>
> *Geschehen öffentlich im Lager Bonn am 5. Tag vor den Kalenden des August [=28. Juli], im 2. Jahr der Regierung unseren Herrn, Königs Chlodwig III.*
>
> *Unterschrift/Handzeichen des Helmgar, der diese Übertragung gewünscht hat.*
>
> *Unterschrift/Handzeichen des Goderam.*

Zwischen 801 und 842 heisst es in weiteren Urkunden[13]:

> *...der heiligen Märtyrer Cassius und Florentius, die mit ihren Kameraden dort ruhen ...*
>
> *... der Kirche der heiligen Märtyrer Cassius und Florentius ..., wo die heiligen Märtyrer mit ihren Kameraden [und] 12 anderen ruhen ...*

Mit anderen Worten: Spätestens um 700 n.Chr. gibt es einen Kirchenbau, der den heiligen Cassius und Florentius geweiht ist, um 800 den heiligen Märtyrern Cassius und Florentius. Wann diese Verehrung einsetzt und ob sie von jeher mit bestimmten, sicher lokalisierten Gräbern verknüpft gewesen ist, ist nicht zu klären. (Höroldt/Keller/Müssemeier, 2010, S. 32).

Die archäologischen Belege

Bereits in der Spät-Latène-Zeit (190 v. Chr. bis um Christi Geburt) ist die Fläche der heutigen Bonner Innenstadt besiedelt worden; eine ubische Siedlung erstreckte sich zwischen Universität, Rhein, Münsterkirche und Josefstrasse (Gechter, 2001, S. 59). Die römische Besiedlung begann aber etwa ab 17 v. Chr. weit im Norden zwischen Augustusring, Graurheindorfer Strasse, Rosental und Rhein gegenüber der Siegmündung. Am Ende der römischen Periode - nach 357 n. Chr. - liess Kaiser Julian Apostata das Lager Bonn (und andere Plätze am Rhein) noch einmal aufbauen und mit Speicherbauten ausstatten[14]. Nach der Merowingerzeit verfiel das Römerlager (›castra Bonnensia‹) mehr und mehr. Auch die Vorstadt (›canabae‹) und der römische ›vicus‹ weit im Süden fielen in die Bedeutungslosigkeit.

Ihre Toten begruben die Ur-Bonner überwiegend an drei Stellen[15]: an den beiden Ausfallstrassen nach Norden (Kölnstrasse) und nach Süden (Adenauerallee), sowie im Bereich der Reuterbrücke; Bestattungen im heuten Innenstadtbereich sind überwiegend Einzelgräber. Insgesamt sind 385 Grabfunde bis heute verzeichnet. Aus dem 1. Jahrhundert finden sich nur Brandgräber, Körpergräber gibt es seit dem Mitte des 2. Jahrhunderts, sie nehmen im 3. Jahrhundert deutlich zu und überwiegen in der Folgezeit. Das älteste Körpergrab ist in der Josefstrasse gefunden worden: ein Mädchengrab mit Beigaben, etwa 225-250 n. Chr. in Ost-West-Ausrichtung. Das älteste nachweislich christliche Grab ist das eines germanischen Offiziers, das ein Christogramm (ChiRho) zeigt.

Im Münsterbereich ist das Grab 45 dem dritten Viertel des 3. Jahrhunderts zuzuordnen, die Gräber 6, 9, 11, 14, 30, 32 und 56 dem 4. Jahrhundert, Grab 32 der Mitte/2. Hälfte des 6. Jahrhunderts (Müssemeier, 2004, S. 24). Kaiser zweifelt, ob es berechtigt ist, auf dem Münsterplatz ein seit dem 1. Jahrhundert dicht belegtes Gräberfeld zu postulieren; ein grosses Gräberfeld gebe es erst mit dem Bau D, also frühestens um 400 n. Chr. (Kaiser, 1996, S. 486), eher im 6. Jahrhundert (Kremer, 1993, S. 256), (Keller, 2006, S. 34). Keller lässt offen, ob es überhaupt vor dem Bau D christliche Bestattungen hier gegeben hat, da Trachtbestandteile, Grabsteine oder Bauschmuck, die Auskunft darüber geben könnten, bisher fehlen. (Keller, 2006, S. 34 f).

Die ›cella memoriae‹, die in diesem Gräberfeld unter dem Münster ausgegraben wurde, hat von 260 bis 300 n. Chr. bestanden – so noch (Höroldt, 1957, S. 37); »sie muss keineswegs mit dem Christentum in Verbindung gebracht werden.« (Gechter, 2001, S. 111); schärfer formuliert Kaiser: »[…] keine Anzeichen (sprechen) für eine christliche Deutung.« (Kaiser, 2001, S. 260), (Kremer, 1993, S. 234 ff).

Gechter konzediert den heidnischen Ursprung der ›cella‹, dass aber diese Form des Totengedenkens anfangs auch von den Christen praktiziert worden ist, und versucht dann einen Kompromissformel: Der Bau D ist ein möglicher Hinweis, dass auch die frühe Cella memoriae eine frühchristliche Grabkapelle sein könnte. (Gechter,

2001, S. 111). Ristow datiert die Existenz der cella von 350 bis 390 n.Chr. (Ristow, 2007, S. 151), ähnlich auch (Höroldt/Keller/Müssemeier, 2010), sie war »neutral als Totenmemoria auf römischen Gräberfeld«, ein religiös motivierter Hintergrund sei nicht bewiesen.

Das Gebäude D unter dem Bonner Münster ist »in ein bereits vorhandenes römisches Gräberfeld hineingebaut worden, in welchem sich vereinzelte Spuren von älteren, zerstörten Brandgräbern bestanden, die dem 4. Jahrhundert angehörten … Im allgemeinen waren sie beigabenlos.« (Lehner/Bader, 1932, S. 196). Zudem sind die Särge 31 und 32 mit einem Kreuz versehen, Sarg 71 mit einem Christogramm. Als Baumaterial wurden u. a. heidnische Grab- und Weihesteine wiederverwendet – der älteste ist der Stein für die Aufanischen Matronen des Quintus Vettius Severus[16]:

> *Den Aufanischen Matronen hat der Quintus Vettius Severus, Quaestor in Köln, dieses Weiheversprechen eingelöst, gerne und aus freien Stücken, als Macrinus und Celsus Konsuln waren. (= 164 n. Chr.)*

Die Zerstörung der heidnischen Gräber bzw. ihre Zweitverwendung im Bau D dürfte in das letzte Drittel des 4. Jahrhunderts fallen, als christliche Kaiser eben diese Zerstörung alles Heidentums anordneten.

Die Steinsärge 1-3, die heute in der Gruft zugänglich sind und als die Märytrergräber gelten, sind beim Bau der neuen Kirche 1060/70 »bis zu ihrer Unterkante, nicht tiefer, freigelegt worden. Ihre ursprüngliche Lage, was schon die Ausrichtung [Nord-Ost] bewies, wurde nie geändert.« (Lehner/Bader, 1932, S. 70). Demnach – so Lehner – galt damals diese Stelle als die Grabstätten der Märtyrer; bei der Öffnung anlässlich der Grabung 1928 fand man sie erwartungsgemäss leer.

Die cella memoriae hat bestanden in der 2. Hälfte des 4. Jahrhunderts, der Bau D im 6. Jahrhundert:

> *Der sichere Nachweis romanischer Bestattungen ist für die merowingerzeitlichen Gräber in und um Bau D nicht zu erbringen […]* und: *Eine kontinuierliche Nutzung scheint es im Umfeld der kleinen spätantiken Nekropole nicht gegeben zu haben. Die Funde setzen erst mit der Errichtung des christlichen Baus D ein. (Müssemeier, 2004, S. 67).*

Es gibt für den Bau D, erbaut in der Mitte des 6. Jahrhunderts, also höchstens eine Platz-, aber keine Bau- oder gar Kultkontinuität. (Ristow, 2007, S. 155).

Im Jahre 1166 liess Erzbischof Rainald von Dassel die Gebeine der Märtyrer auf den Hochaltar des Münsters erheben[17]:

> *In demselben Jahr haben Erzbischof Rainald und der Bonner Propst Gerhard [von Are] die heiligen Märtyrer Cassius, Florentius und Mallusius am 2. Mai mit unglaublicher Ehrfurcht der Priester und einer grossen Anzahl Gläubiger erhoben, und zwar wurde erkennbar ihr Blut entdeckt, wenn auch getrocknet, da ihr Tod sich 973 Jahre vorher ereignet hat. [= 193 n. Chr.]*

Zusammengefasst

Auch unter dem Bonner Münster sind seit der römischen Kaiserzeit immer mal wieder Tote beigesetzt worden, auch wenn die Hauptbegräbnisplätze an anderen Stellen des Bonner Stadtgebiets waren. Die Begräbnissitten wechselten im Laufe der Zeit, offensichtlich gab es auch längere Pausen. Erst mit dem Bau D, d.h. ab Mitte des 6. Jahrhunderts, beginnt eine Tradition an dieser Stelle.

Es ist zu vermuten, dass jetzt – durchaus in Übereinstimmung mit der neuen, der fränkischen Elite – rückwirkend mit Hilfe der Thebäer-Legende eine Kontinuität entwickelt wird, die dem jetzt christlichen Platz eine Vorrangstellung gegenüber dem verfallenden, heidnisch-römischen Lager im Norden – inklusive Dietkirche - zuweisen soll.

Uns heutige überrascht, wie schnell diese Deutung Eingang gefunden hat in das Bewusstsein der Bevölkerung: knapp 150 Jahren später spricht Helmgar schon von einer Basilika der heiligen Cassius und Florentius. Zu diesem Zeitpunkt ist die Legendenbildung bereits abgeschlossen, spätere Autoren – wie Helinandus – schmücken nur noch das Beiwerk.

Die Heilsgeschichte lässt sich von Fakten nicht beirren, sie fügt zusammen, was zusammen gehören soll. Dass die Kirche auch in grossem Massstab bog, was nicht gerade sein durfte, beweist die konstantinische Schenkung, eine Urkundenfälschung um das Jahr 800, in der – angeblich - Kaiser Konstantin dem Papst Rom und Italien geschenkt hat. Im Vergleich dazu sind die frommen Legenden um Cassius und Florentius – ebenso wie Mauritius, Gereon und Victor – Petitessen.

Anhang

0164 Grabstein des Qu. Vettius Severus[18]

MATRONIS AVFANIABVS Q VETTIVS SEVERVS QVAESTOR CCAA VOTVM SOLVIT L M MACRINO ET CELSO COS	Den Aufanischen Matronen hat der Quintus Vettius Severus, Quaestor in Köln, dieses Weiheversprechen eingelöst, gerne und aus freien Stücken, als Macrinus und Celsus Konsuln waren. [= 164 n. Chr.]

ca. 0550 Eucherius : Passio Acaunensium martyrum[19]

(1) Sanctorum passionem martyrum, qui Acaunum glorioso sanguine inlustrant, pro honore gestorum stilo explicamus, ea utique fide, qua ad nos martirii ordo pervenit. Nam per succedentium relationem rei gestae memoriam nondum intercepit oblivio. Et si pro martyribus singulis loca singula, quae eos possident, vel singulae urbes insignes habentur, nec immerito, quia pro deo summo pretiosas sancti animas refundunt, quanta excolendus est reverentia sacer ille Acaunensium locus, in quo tot pro Christo martyrum milia ferro caesa referuntur! Nunc iam ipsam beatissimae passionis causam loquamur.

(2) Sub Maximiano, qui Romanae rei publicae cum Diocletiano collega imperium tenuit, per diversas fere provincias laniati aut interfecti martyrum populi. Idem namque Maximianus, sicut avaritia libidine crudelitate ceterisque vitiis obsessus furebat, ita etiam exsecrandis gentilium ritibus deditus et erga deum caeli profanus, impietatem suam ad extinguendum Christianitatis nomen armaverat. Si qui tunc dei veri cultum profeteri audebant, sparsis usque quaque militum turmis vel ad supplicia vel ad necem rapiebantur, ac velut vagatione barbaris gentilibus data prorsus in religionem arma commoverat.

(3) Erat eodem tempore in exercitu legio militum, qui Thebaei appellabantur. Legio autem vocabatur, quae tunc sex milia ac sexcentos viros in armis habebat. Hi in auxilium Maximiano ab orientis partibus acciti venerant, viri in rebus bellicis strenui et virtute nobiles, sed nobiliores fide. Erga imperatorem fortitudine, erga Christum devotione certabant. Evangelici praecepti etiam sub armis non immemores reddebant quae dei erant deo, et quae Caesari restituebant.

(4) Itaque cum et hi sicut ceteri militum ad pertrahendam Christianorum multitudinem destinarentur, soli crudelitatis ministerium detrectare ausi sunt, atque huiusmodi praeceptis se obtemperaturos negant. Maximianus non longe aberat, nam se circa Octodorum itinere fessus tenebat. Ubi cum ei per nuntios delatum esset

legionem hanc adversus mandata regia rebellem in Acaunensibus angustiis substitisse, in furorem instinctu indignationis exarsit.

(5) Sed mihi, priusquam reliqua commemorem, situs loci eius relationi inserendus videtur. Acaunus sexaginta ferme milibus a Genavensi urbe abest, quattuordecim vero milibus distat a capite Limanni lacus [=Genfer See], quem influit Rhodanus. Locus ipse iam inter Alpina iuga in valle situs est, ad quem pergentibus difficili transitu asperum atque artum iter panditur. Infestus namque Rhodanus saxosi montis radicibus vix pervium viantibus aggerem reliquit. Evictis transmissisque angustiarum faucibus subito nec exiguus inter montium rupes campus aperitur. In hoc legio sancta consederat.

(6) Igitur, sicut supra diximus, cognito Maximianus Thebaeorum responso praecipiti ira fervidus ob neglecta imperia decimum quemque ex eadem legione gladio feriri iubet, quo facilius ceteri regiis praeceptis territi metu cederent; redintegratisque mandatis edicit, ut reliqui in persecutionem Christianorum cogantur. Ubi vero ad Thebaeos denuntiatio iterata pervenit cognitumque ab eis est iniungi sibi rursum exsecutiones profanas, vociferatio passim ac tumultus in castris exoritur affirmantium numquam se ulli in haec tam sacrilega ministeria cessuros, idolorum se profana semper detestatos, Christianis se imbutos sacris et divinae religionis cultu institutos, unum se aeternitatis deum colere, extrema experiri satius esse quam adversum Christianam fidem venire.

(7) His deinde compertis Maximianus omni belua cruentior rursus ad ingenii sui saevitiam redit atque imperat, ut iterum decimus eorum morti detur; ceteri nihilominus ad haec quae spernerent compellerentur. Quibus iussis denuo in castra perlatis segregatus atque percussus est qui decimus sorte obvenerat; reliqua vero se militum multitudo mutuo sermone instigabat, ut in tam praeclaro opere persisterent.

(8) Incitamentum tamen maximum fidei in illo tempore penes sanctum Mauricium fuit primicerium tunc, sicut traditur, legionis eius, qui cum Exsuperio, ut in exercitu appellant, campi doctore et Candido senatore militum accendebat exhortando singulos et monendo. Fidelium commilitonum et iam etiam martyrum exempla ingerens pro sacramento Christi, pro divinis legibus, si ita necessitas ferret, omnibus et moriendum suadebat, sequendosque admonebat socios illos et contubernales suos, qui iam in caelum praecesserant. Flagrabat enim iam tunc in beatissimis viris martyrii gloriosus ardor.

(9) His itaque primoribus suis atque auctoribus animati Maximiano insania adhuc aestuanti mandata mittunt sicut pia ita et fortia, quae feruntur fuisse in hunc modum:

> *Milites sumus, imperator, tui, sed tamen servi, quod libere confitemur, dei. Tibi militiam debemus, illi innocentiam. A te stipendium laboris accepimus, ab illo vitae exordium sumpsimus. Sequi imperatorem in hoc nequaquam possumus, ut auctorem negemus deum, utique auctorem nostrum, deum auctorem, velis nolis, tuum. Si non in tam funesta compellimur, ut hunc offendamus, tibi, ut fecimus adhuc, parebimus; sin aliter, illi parebimus*

potius quam tibi. Offerimus nostras in quemlibet hostem manus, quas sanguine innocentium cruentare nefas ducimus. Dexterae istae pugnare adversum impios atque inimicos sciunt, laniare pios et cives nesciunt. Meminimus nos pro civibus potius quam adversus cives arma sumpsisse. Pugnavimus semper pro iustitia, pro pietate, pro innocentium salute. Haec fuerunt hactenus nobis pretia periculorum. Pugnavimus pro fide, quamsic legendum? quo pacto conservabimus tibi hanc, si hanc deo nostro non exhibemus? Iuravimus primum in sacramenta divina, iuravimus deinde in sacramenta regia; nihil nobis de secundis credas necesse est, si prima perrumpimus. Christianos ad poenam per nos requiri iubes; iam tibi ex hoc alii requirendi non sunt: habes hic nos confitentes deum patrem, auctorem omnium, et filium eius Jesum Christum deum credimus et spiritum sanctum. Vidimus laborum periculorumque nostrorum socios, nobis quoque sanguine aspersis, trucidari ferro, et tamen sanctissimorum commilitonum mortes et fratrum funera non flevimus non doluimus, sed potius laudavimus et gaudio prosecuti sumus, quia digni habiti essent pati pro domino deo eorum. Et nunc non nos vel haec ultima vitae necessitas in rebellionem coegit, non nos adversum te, imperator, armavit ipsa saltim, quae fortissima est in periculis, desperatio. Tenemus ecce arma et non resistimus, quia mori quam occidere satis malumus, et innocentes interire quam noxii vivere praeoptamus. Si quid in nos ultra statueris, si quid adhuc iusseris, si quid admoveris, ignes, tormenta, ferrum subire parati sumus. Christianos nos, fatemur, persequi Christianos non possumus.

(10) Cum haec talia Maximianus audisset obstinatosque in fide Christi cerneret animos virorum, desperans gloriosam eorum constantiam posse revocari una sententia interfici omnes decrevit, et rem confici circumfusis militum agminibus iubet. Qui cum missi ad beatissimam legionem venissent, stringunt in sanctos impium ferrum, mori non recusantes vitae amore. Caedebantur itaque post passim gladiis, non reclamantes saltim aut repugnantes, sed depositis armis cervices persecutoribus praebentes et iugulum percussoribus vel intectum corpus offerentes. Non vel ipsa suorum multitudine, non armorum munitione elati sunt, ut ferro conarentur asserere iustitiae causam, sed hoc solum reminiscentes se illum confiteri, qui nec reclamando ad occisionem ductus est et tamquam agnus non aperuit os suum, ipsi quoque tamquam grex dominicus ovium laniari se tamquam ab inruentibus lupis passi sunt.

(11) Operta est terra illic procumbentibus in mortem corporibus piorum, fluxerunt pretiosi sanguinis rivi. Quae umquam rabies absque bello tantam humanorum corporum stragem dedit, quae feritas ex sententia sua tot simul perire vel reos iussit! Ne iusti punirentur multitudo non obtinuit, cum inultum esse soleat quod multitudo delinquit. Hac igitur crudelitate immanissimi tyranni confectus est ille sanctorum populus, qui contempsit rem praesentium ob spem futurorum. Sic interfecta est illa plane angelica legio, quae ut credimus cum illis angelorum legionibus iam conlaudat semper in caelis dominum deum Sabaoth.

(12) Victor autem martyr nec legionis eiusdem fuit neque miles, sed emeritae iam militiae veteranus. Hic cum iter agens subito incidisset in hos, qui passim epulabantura del.m.s.ex aepulabantur laeti martyrum spoliis, atque ab his ad convescendum invitatus prolatam ab exultantibus per ordinem causam cognovisset, detestatus convivas detestatusque convivium refugiebat. Requirentibusque ne et ipse forsitan Christianus esset, Christianum se et semper futurum esse respondit ac statim ab inruentibus interfectus est ceterisque martyribus in eodem loco sicut morte ita etiam honore coniunctus est.

(13) Haec nobis tantum de numero illo martyrum comperta sunt nomina, id est beatissimorum Maurici, Exsuperi, Candidi atque Victoris; cetera vero nobis quidem incognita sed in libro vitae scripta sunt.

(14) Ex hac eadem legione fuisse dicuntur etiam illi martyres Ursus et Victor, quos Salodoro passos fama confirmat. Salodorum vero castrum est supra Arulam flumen neque longe a Rheno positum.

(15) Operae pretium est etiam illud indicare, qui deinde Maximianum trucem tyrannum exitus consecutus sit. Cum dispositis insidiis genero suo Constantino tunc regnum tenenti mortem moliretur, deprehenso dolo eius apud Massiliam captus nec multo post strangulatus teterrimoque hoc supplicio affectus impiam vitam digna morte finivit.

(16) At vero beatissimorum Acaunensium martyrum corpora post multos passionis annos sancto Theodoro eiusdem loci episcopo revelata traduntur. In quorum honorem cum exstrueretur basilica, quae vastae nunc adiuncta rupi uno tantum latere acclinis iacet, quid miraculi tunc apparuerit nequaquam tacendum putavi.

(17) Accidit ut inter reliquos artifices, qui invitati convenisse ad illud opus videbantur, quidam adesset faber, quem adhuc gentilem esse constaret. Hic cum dominico die, quo ceteri ad expectanda die ii illius festa discesserant, in fabrica in illo secreto se subito clara luce manifestantibus sanctis hic idem faber rapitur atque ad poenam vel supplicia distenditur, et visibiliter turbam martyrum cernens, verberatus etiam et increpatus, quod vel die dominico ecclesiae solus deesset, vel illud fabricae opus sanctum suscipere gentilis auderet. Quodquod adeo misericorditer a sanctis factum constitit, ut faber ille consternatus et territus salutare sibi nomen poposcerit statimque Christianus effectus sit.

(18) Neque illud in sanctorum miraculis praetermittam, quod perinde clarum atque omnibus notum est: Materfamilias Quinti, egregii atque honorati viri, cum paralysi fuisset obstricta, ut ei etiam pedum usus negaretur, a viro suo ut Acaunum per multum itineris spatium deferretur poposcit. Quo cum pervenisset, sanctorum martyrum basilicae famulantium manibus inlata pedibus ad diversorium rediit ac sanitati de praemortuis restituta membris nunc miraculum suum ipsa circumfert.

(19) Haec duo tantum mira passioni sanctorum inferenda credidi. Ceterum satis multa sunt, quae vel in purgatione daemonum vel in reliquis curationibus quotidie illic per sanctos suos domini virtus operatur.

Explicit passio, quae observatur die decimo Kal. Octobrium [=22.09.]

0575 Gregor von Tours: Liber in gloria martyrum[20]

c. 61 [Thebäer]

Est apud Agripinensim urbem basilica, in qua dicuntur quinquaginta viri ex illa legione sacra Thebeorum pro Christi nomine martyrium consummasse. Et quia admirabili opere ex musivo quodam modo deaurata resplendet, Sanctos Aureos ipsam basilicam incolae vocitare voluerunt.

Quodam autem tempore Eberigisili episcopi, qui tunc huius urbis erat antestis, capitis medietas validie doloribus quatiebatur, — erat tunc temporis in villa oppido proxima. Quo dolore, ut diximus, valde attenuatus, misit diaconem suum ad sanctorum basilicam. Et quia in ipsius templi medio puteus esse dicitur, in quo sancti post martyrium pariter sunt coniecti, collectum exinde pulverem detulit sacerdoti. Verum ubi exinde caput attigit, extemplo dolor omnis exemptus est.

c. 62 [Mallosus]

Ab hoc enim sacerdote sancti martyris Mallosi corpus repertum est hoc modo. Cum fama ferret, hunc apud Bertunensim oppidum martyrium consummasse, occultum erat hominibus illis, quo in loco quiesceret; erat tamen oratorium inibi, in quo nomen eius invocabatur. Supradictus vero pontifex in honore eius basilicam aedificavit, ut scilicet, cum aliquid revelationis de martyre acciperet, in ea beatos artus, Domino annuente, transferret. Denique in latere basilicae, id est in pariete, qui a parte erat oratorii, in absida collegit, praestolans Domini misericordiam, quid iuberet de martyre revelari. Post haec diaconus quidam Mettensis per visum ductus, ubi martyr quiesceret, est edoctus. Post paucum autem tempus veniens ad episcopum, et quasi certa signa, quae per visum viderat, relegens, cum prius ibidem non fuisset, ait episcopo: Hic effode, et invenies corpus sancti, id est in medio absidae. At ille cum fodisset quasi in septem pedes, attigit nares eius odor inmensi aromatis, et ait: Credo in Christo, quod ostendit mihi martyrem suum, quando haec me suavitas circumdedit; et fodiens repperit sanctum corpus inlaesum, et emittens voce magna, Gloria in excelsis Deo omnem clerum pariter psallere fecit. Dicto quoque hymno, corpus sanctum in basilica transtulit, cum laude debita sepelivit. Ferunt ibidem et Victorem martyrem esse sepultum, sed non eum adhuc cognovimus revelatum.

0691/0692 Juli 28 Helmgar schenkt der Cassius-Basilika ein Weingut in Briubach[21]

Domino sancto ac venerabili in Christo fratri Gisoni diacono atque abbati Helmgarius. Admonet nos Domini prudentia, dum in praesenti commoramur seculo, aliquid pro remedio animae nostrae debemus adcogitare, ut, quando quidem de hac luce iusserit emigrare, participes cum aliis christianis mereamur esse in paradyso. Et credimus nobis pro bonis commendare operibus, quotiescunque aliquid ad loca sanctorum concedimus atque donamus. Pro Dei intuitu vel pro mercedis augmento vel remedio animae nostrae cedimus ad basilicam sanctorum Cassii et Florentii sociorum[que] eorum sub oppido[22] Castro Bonna constructa in villa, cui vocabulum est Briubach[23], id est super fluvium Reni vineam I cum curtile vel casa et terra aratoria, silva vel prata, quantum ad ipsam curtim vel vineam pertinere videtur etc.

actum publice castro Bonna sub V. Kal. Augusti anno II regnante domino nostro Clodoveo[24] rege feliciter.

Signum Helmgarii, qui concessionem istam fieri rogavit.

Signum Goderami.

ca. 0775 Anonym: Passio sanctorum, qui passi sunt in Agauno X Kal. Octobres[25]

(1) Dioclitianus, quondam Romanae rei publice princeps, cum ad imperium totius orbis fuisset electus omnisque provincias turbari quorundam praesumptione perspiceret, ad consortium imperii vel laboris olim sibi conmilitonem Herculium Maximianum Cesarem fecit eumque contra Amandum et Aelianum, qui in Bacaudarum nomen praesumpcione servile arma commoverant, ad Gallias destinavit. Cui ad subplementum exercitus legionem Thebeam ex orientalibus militibus dedit. Que legio sex milia sexcentos ac sexaginta VI viros validos animis et instructos armis antiquorum Romanorum habebat exemplo. Hii igitur milites Christianae religionis ritum orientali tradicione susceperant fidemque sacram virtuti et armis omnibus praeponebant.

(2) Maximianus imperator, usu quidem miliciae bellis aptus sed idolorum specialis cultor, ferus animo et qui severitatem imperatoriam nimia crudelitate polluerat. In Galliam properans ad Alpium Penninarum aditum venit. Transmeantibus iter Alpium post arduam et orridam viam subito equalis loci campestris occurrit grata planities. Quo in loco oppidum factum est, quod Octodori nomen accepit, circa quod aut inrigua fluminibus prata aut agrorum fertilis cultura porrigitur, praecipue deinde Rodani fluminis cursus offertur, qui mole sua leniter fluens regionis ipsius graciam propriam amoenitate commendat. Transcensis igitur Alpibus Maximianus Caesar Octodorum venit ibique sacrificaturus idolis suis convenire exercitum iussit atroci proposita iussione ut per aras demonibus consecratas iurarent aequalibus sibi animis contra Bacaudarum turbas esse pugnandum christianosque velut inimicos diis suis ab omnibus persequendos. Quod ubi primum pervenit ad noticiam Thebaide legionis praeteriens Octodorum oppidum ad locum, cui Acauno nomen est, celeriter properavit, ut duodecim milium spacio ab Octodoro seperata necessitatem committendi sacrilegie praeteriret. Acaunum accolae interpraetacione Gallici sermonis saxum dicunt. Quo in loco ita vastis rupibus Rhodani fluminis cursus artatur, ut cum eadem facultate subtracta constratis pontibus viam fieri itineris necessitas imperaret. Undique tamen imminentibus saxis parvus quidem

sed amoenus irriguis fontibus campus includitur, ubi fessi milites legionis Tebee post laborem tanti itineris resederunt.

(3) Maximianus Caesar, dum ad sacramenta superius memorata cunctos in exercito suo cogeret, agnovit praetergressam, ut diximus, legionem. Subito iracundie furore conpletus satellites mittit, ut legionem ad sacramentorum suorum sacrilegia revocarent. Erat in eadem legione primicerius Mauricius et signifer Exsuperius et Candidus senator, qui ita conmilitonibus suis praeerant, ut amore pocius aequalitatis quam terrore militari oboedienda praeciperent. Requirunt itaque quid Maximianos Caesar ira dictante mandasset. Dictum ab his est, quos Caesar miserat milites omnes inmolasse hostias, libasse sacrificia et sacramenta fanatici ordinis praebuisse, iubere Caesarem, ut legio festinanter revertens conmilitonum pareret exemplo. Tunc hii qui praeerant legioni miti affatu dedere responsum, praetergressos se Octodorum, quia dum fama ad eos sacrificiorum ordinem detulisset, fas sibi visum esse, ne demonum aras christianorum videret obtutus; esse sibi in animo deum vivum colere, traditam orientali more religionem usque ad diem vitae perenniter custodire, ad bellorum usum paratam legionis esse virtutem, ad committenda vero sacrilegia, sicut Cesar praecipit, Octodorum non redire.

(4) Reversus itaque satellis nuntiat obstinatos esse animos legionis nec velle praeceptis imperatoris obaedire. Tunc Maximianus Caesar iracundiae nimietate succensus ad hanc vocem subito furore prosiluit:

> *Ergo ne milites mei imperatoria praecepta et sacrorum meorum ordinem spernunt! Sanciendum erat vindicta publica etiam si tantum maiestatem regiam contemnere voluissent; iungitur dispectui meo celestis iniuria et mecum pariter religio Romana contemnitur. Senciat contumax miles me non solum mihi sed eciam numinibus meis dare posse vindictam; iam nunc fidelissimorum meorum turba festinet, decimum quemque morti funesta sors praebeat, discant equalium nece quos ordo praemiserit moriendi, qualiter Maximianus vel sibi vel numinibus suis hac severitate dederit ulcionem!*

(5) Post hanc vocem parituris iussio infausta porrigitur, ad legionem velociter properatur, crudelia praecepta reserantur. Traduntur neci quos ordo repperit numerandi, laeti percussoribus cervices praebent solaque inter eos est de gloriosae mortis occupacione contencio. Perfecto scelere ut Octodorum legio redeat iubetur. Tunc Mauritius primicerius paululum a satellitibus regiis segregatus convocat legionem et hac orationem sancti oris alloquitur:

> *Gratulor virtuti vestrae, commilitones optimi, quod amore religionis nullam vobis Caesaris praecepta attulere formidinem; gaudentibus quodam modo animis tradi ad necem gloriosam commilitones vestros vidistis. Quam timui ne quisquam, quod armatis facile est speciae defensionis, beatissimis funeribus manus obvias adferre temptaret! Iam mihi ad huius rei interdictum Christi nostri parabatur exemplum, qui exemptum vagina apostoli gladium propriae vocis iussione recondidit, docens maiorem armis omnibus Christiane*

confidentiae esse virtutem. Hic deus Christus plane mentes vestras manusque prohibuit, ne quisquam divino operi mortalibus dexteris obviaret. Quin immo caepti operis fidem perennem religionem complete! Hactenus exempla sacris inserta codicibus legebamus; iam nunc per nosmet ipsos quos sequi deberemus aspeximus. Ecce vallatus sum commilitonum meorum corporibus, quos de latere meo funestus satelles eripuit, aspersus sum cruore sanctorum et sacri sanguinis reliquias vestibus meis porto et dubito eorum sequi necem, quorum gratulans ammiror exemplum? Et vacat cogitare quid imperator iubeat, qui sorte mihi mortalitatis aequalis est. Si habere aliquid virium imperatoria praecepta potuissent, circa beatissimorum puerorum corpora regis Persarum valuisset incendium nec contemnere leonum rictus lacu clausus propheta potuisset. Sacramenta olim dedisse nos minime quod contemtu lucis istius et desperatione vitae defensare rem puplicam deberemus; iam tunc promisi mei corporis vilitatem et spopondi hanc imperatoribus fidem nec tamen mihi ullus tunc regna caelestia promittebat.Quid Christo spondente faciendum est, si hoc potuimus miliciae devotione promittere? Quin immo, fortissimi commilitones, olim devotas animas subdamus praetiosissimae passioni, sit nobis virilis animus, fides inviolata permaneat! Iam cerno ante tribunal Christi stantes eos quos neci paulo ante satelles regius deputavit; illa vero gloria est, quae aeternitatem beatam vitae huius brevitate mercatur. Aequali omnes animo, una voce responsum satellitibus demus, id nuncia: Milites quidem, Caesar, tui sumus et ad defensionem rei puplice Romana arma suscipimus nec umquam aut desertores bellorum aut proditores miliciae fuimus aut ignavae formidinis meruimus subire flagitium. Tuis etiam obtemperaremus praeceptis nisi instituti legibus christianis demonum cultus et aras semper pollutas sanguine vitaremus. Comperimus praecepisse te, ut aut sacrilegiis pollueres Christianos aut dederes. neci non inquiras longius latitantes, nos omnes Christianos esse cognosce; habebis potestati tuae subdita omnium corpora, auctorem vero suum respicientes Christum animas non tenebis.

Haec sicut vir sanctus dixerat, legionis probatur assensu et Cesari per satellites nuntiatur.

(6) Inclementi praecipit iussione, ut iterum decimum renovate crudelitatis ordo consummeret. Post hanc vocem ad legionem velociter properatur, crudelia praecepta peraguntur, reliquos ut Octodorum redeant iubetur. Tunc Exsuperius, quem ante principem vel campi doctorem superius memoravi, [correptis] legionis sui signis hac circumstantes oracione confirmat:

Tenere me, commilitones optimi, secularium quidem bellorum signa perspicitis, sed non ad hec arma provoco, non ad haec bella animos vestros virtutemque conpello; aliud nobis genus eligendum est praeliorum, non per hos gladios potest ad regna caelestia properari. Robor nobis opus est animorum; invicta defensio est fidem, quam deo promiseris, in ultimis costodire. Iam de commilitonum nostrorum gloriam, ea que divino cernebat optutu, Mauricius [est locutus], [ego vobis victoriam plenam, si Christo creditis, repromitto. Proiciant dexterae nostrae arma ista cum signis militaribus, praestabit hoc Christus, ut mox in ipso caelesti, sicut promittitur, regno alia vobis Exuperium vestrum videatis signa monstrare. Vadat quin immo funestus satelles et haec truculento regi nuntiet: Inexsuperabiles legionis istius animos, Caesar, agnosce; tela proicimus; exarmatas quidem dexteras] satellis tuos, sed armatum fide catholica pectus inveniet. Occide, prosternae, resecandas gladiis percussoribus cervices praebemus intrepidi; haec nobis iocundiora sunt, dummodo quod te cum sacrilegiis tuis contemnimus ad regna iam nunc caelestia properantes.

Haec mandata legionis remeans ad Maximianum Caesarem satelles nunciat.

(7) Ad ille, quasi nihil iterato fuisset scelere perpetratum, ire propere exercitum iubet et circumfundi imperat legionem nullumque de tanto sanctorum exercitu praecipit derelinqui. Ventum itaque [est], circumsistit beatam legionem turba carnificum, omnis aetas sine discrecione perimitur lanianturque beata corpora et devotas deo animas fideli mortis professione commendant. Peracta tandem cede inter omnes sanctorum percussores praeda dividitur. Namque Maximianus facultatem dederat, ut, quisque legionis illius militem iugulasset, interempti spoliis uteretur. Divisa igitur omnium praeda ad vescendum aepulandumque victrix turba consedit,

(8) cum interea veteranus quidam ultime aetatis senex fatigatus, nomine Victor, ad contaminatum caedibus locum itineris necessitate deductus est. Dum ad epulas pro aetatis veneratione ab omnibus rogaretur, requirere coepit, quaenam esset causa leticiae, quod inter tot corpora peremtorum gaudentes exultantesquae possint milites epulare. Dictum a quodam est, quod legio Christianae legis studio caerimonias Romanas cultumque numinum pariter cum imperatoriis iussionibus contemnere voluisset dataque neci esset, ut disciplinae militaris traditus ordo severius teneretur. Tunc Victor alte gemitum trahens graviterque suspirans exclamat:

Eu me, qui per tot annorum miliciam ad hanc infelicem aetatem et in hac legione militare non merui; quam bene inter tales gloriose mortis honore donatus finem vitae invenire potuissem! Saltim si commilito indignus eram vel me ante actas oras viandi necessitas detulisset, ut senilis pectoris cruor tantorum virorum victimis misceretur, obtuleram corpus hoc neci, dummodo tantae laudis consorcio non carerem.

Talia dicentem profanorum statim turba vallavit, quae utrum Christianus esset respondere minaciter iubet.

(9) At ille, paulolum oculos ad caelum erigens, tali percontantibus sermone respondit:

Longus me vivendi usus ad hanc, quam videtis, perduxit aetatem. Quecumque in hoc mundo aguntur aut studium repperit aut rerum volubilitas agit aut varius semper casus infestat; quodcumque volumus, optamus, scimus aut cupimus, totum mundum caligine submersum tenebris circumfluentibus latet, nisi nobis aut viam Christus ostenderet aut lumen Christus effulserit. Quod ego fideli mente perpendens utinam ultimo contester affectu! Quod si me ad tempus paulo ante trucidate legionis itineris necessitas detulisset, conviviis vel êpulis vestris horum funerum consorcium praetulissem. Sed eciam nunc praestavit Christus, ut Christianum me vel post professionem meam transire ulterius per beata funera non sinatis.

Haec eo loquente subita percussoris obtruncat insania. Ita vir sanctus consortium sanctorum celeri confessione promeruit.

(13) Hec nobis tantum de numero isto martyrum conperta sunt nomina, id est beatissimorum Mauricii, Exsuperii, Candedi [atque] Innocenti, Victoris atque Vitalis; cetera vero nobis quidem incognita, sed in libro vitae sunt scripta [sunt].

(14) Ex hac eadem legione fuisse dicuntur etiam illi martyres Ursus et Victor, quos Salodoro passos fama confirmat. Salodorum vero castrum est super Ara flumen neque longe a Reno positum.

(15) Opere praecium est etiam illud ind egare , qui deinde Maximianum trucem tyrannum exitus consecutus sit. Cum dispositis insidiis genero suo Constantino tunc regnum tenenti mortem moliretur, deprehenso dolo illius aput Massilia captus nec multo post strangulatus teterrimoque hoc supplicio affectus impiam vitam digna morte finivit.

(16) At vero beatissimorum martyrum corpora post multos passionis annos sancto Theodoro huius loci epo revelata traduntur. In quorum honore cum [ex]strueretur basilica, quae vastae nunc adiuncta rupi est, [uno tantum latere acclinis iacet,] quid miraculi tunc apparuerit nequaquam tacendum putavi:

(17) Accidit ut inter reliquos artifices, qui invitati convenisse ad hoc opus videbantur, quidam adesset faber, quem adhuc gentilem esse constaret. Hic cum dominico die, quo ceteri ad expectanda die eius festa abscesserant, in fabrica solus substetisset, in illo secreto se subito clara luce manifestantibus sanctis hic idem faber rapitur atque ad poenam vel ad supplicia distenditur, et visibiliter turba martyrum cernens, verberatus etiam increpatur, quod vel die dominico eclesiae solus deesset, vel illud fabrice opus sanctum suscipere gentilis auderet. Quod adeo misericorditer a sanctis factum constitit, ut faber ille consternatus et territus salutare sibi nomen poposcerit statimque Christianus effectus est.

(18) Neque illud in sanctorum miraculis pretermittam, quod perinde clarum adque omnibus notum est: Materfamilias Quinti, egregii atque honorati viri, cum ita paralitica fuisset obstricta, ut [ei] etiam pedum usus negaretur, a viro suo ut istic per multorum itineris spacium defereretur poposcit. Quo cum pervenisset, sanctorum martyrum basilica famolantium manibus inlata pedibus ad diversorium rediit ac sanitate de praemortuis restituta membris miraculum suum ipsa circumtulit.

(19) Haec duo tantum mira passion e sanctorum inserenda credidi. Ceterum satis multa sunt, que vel in purgatione daemonum vel in reliquis curationibus cottidiae illic per sanctos martyres [suos] domini virtus operatur.

(20) Neque enim hoc omitendum est, quod per longum temporis tractum beati Innocenti membra martyris Rhodanus revelavit. Iugi enim eluvii vicinum in se cespitem vergens religiosa quadam soli perniciae ad sepultur a martyris famulatrix unda pervenit. Prolatas namque reliquias leniter lambens non ideo a sinu terrae protulit, ut in gurgitis sui procella dimergeret, sed ob gloriosa devotione intra ambitum basilicê cêteris martyribus sepultura praeceperit sociari. Cuius translationem a sanctae recordationis Domiciano Genavensi et Grato Agustane urbis vel Protasio, tum temporis huius loci epis, celebratam recolentes cottidiana devotione et laudibus frequentamus, adiuvante domino nostro Iesu Christo, qui vi[vit] et reg[nat] cum patre et spiritu sancto in saecula saeculorum. Amen.

1157 Gerhard von Are[26]

Ge[r]ardus comes a ~~Seyna~~[27] Are {Hic anno 1127 fuit praepositus ultra 50 annos}[28] Iste Ge[r]ardus fuit electus in archiepiscopum Coloniensem a saniori(!) parte capituli. sed Fridericus[29] III. fuit electus contra eum a minori parte, qui imperatoris Friderici [Barbarossa] primi favore accendente obtinuit episcopatum, ut habetur in CHRONICA COLONENSI fol[io] 171, fa[sciculum] 2.

1166 Mai 02 Graböffnung durch Rainald van Dassel und Gerhard von Are[30]

Eodem anno Reinoldus archiepiscopus et Gerhardus prepositus Bunnensis beatissimos martires Cassium, Florentium et Mallusium 6. Non. Mai [=02. Mai] cum inenarrabili cleri devotione et multitudine populi transtulerunt, invento sicco quidem, sed evidenti sanguine ipsorum, cum annis 773 passio ipsorum transacta fuerit.

1229 Helinandus Frigidimontis: Sanctorum Gereonis, Victoris, Cassii et Florentii passio[31]

CAPUT I.

Sanctorum in fide constantia ac martyrium.

[...]

8. Cum ergo in Galliis perniciosus tumultus contra Romanum Imperium excrevisset, Maximianus apud Italiam collecto exercitu, Thebaeos milites, Mauritium, Gereonem, Victorem aliosque ejusdeim ordinis viros, jam sacramentis verae fidei et salutaris baptismatis per Hierosolymitanum antistitem initiatos, in auxilium accersivit. Qui protinus, ut erant militari virtute exercitati praeceptis imperatoriis obsequentes,

singuli cum suis sequacibus armis bellicis instructi, consilio divino muniti, sese in eamdem expeditionem unanimiter contulerunt. Deinde colloquium expetentes beati Marcellini Romani pontificis, qui post beatum Petrum apostolum vicesimus octavus, ante S. Sylvestrum ejusdem sedis praesulem quartus, navim sanctae Ecclesiae in mediis tempestuosi mundi jactatam fluctibus gubernabat: ab eo quomodo sub armis Romanae militiae, Christiane religionis conservanda esset innocentia, didicerunt, ejusque doctrinae perspicuam veritatem usque ad finem boni certaminis invicia fidei justitia servaverunt.

1494 J. Trithemius: Liber de Scriptoribus Ecclesiasticis: Eucherius[32]

| 28

EUcherius episcopus Lugdunensis in Gallia : vir doctus & monachorum disciplina a iuventute imbutus: ingenio promptus & sermone compositus: vita & conversatione deo & hominibus gratus: quippe qui multos & verbo & exemplo ab iniquitate auertit: scripsit plura egregia uolumina: sed ad noticiam meam adhuc pauca pervenerunt. Reperi enim tamen ista:
De conpemptu mundi; Expositiones diuinorum nominum; Ad filios Solonis & Vrani; Epitomen Cassiani; Epistolas quasdam ad diuersos ; Ad Hilarium episcopum de laude here[ditatis].
Claruit sub Theodosio[33] iuniore: Anno domini CCCCXL [=440].

1514 Petrus de Natalibus: Catalogus sanctorum et gestorum eorum[34]

Catalogus sanctorum et gestorum eorum ex diuersis voluminibus collectus ; editus a reuerendissimo in christo patre domino Petro de natalibus de venetijs[=Venedig] dei gratia ep[iscop]o Equilino
|

Liber octavus.
[…]

De sanctis Victore et Urso martyribus. Capitulum 134

VIctor et ursus martyres passi sunt in gallijs castro salodoro. Ibi fuerunt ex gloriosa legione thebeorum : cuius mauritius dux extitit inclytus. Qui primo diris supplicijs excruciati : sed celesti super eos lumine coruscante. Ruentibus in terram ministris erecti. Deinde in ignem missi : sed in nullo penitus lesi. Novissime gladio consummati sunt pridie calen[darum] octo[bris, = 30.09.] ut ait ado[35] in suo martylogio.

[...]

Liber nonus.

De sanctis Cassio et Florentio et sociis martyribus. Capitulum 46

CAssius et florentius martyres cum sociis vii [7] passi sunt sub maximiano imperatore apud beronam urbem galliarum circa rhenum fluvium. Cum enim idem imperator mauritania aphricae et de finitimis regionibus propter gallorum frequentes tumultus militum multitudinem devocasset. Inter alios elegit milites ccclx [360] ad sui custodiam deputatos ; quos una secum cum sacra legione thebeorum in galliam adduxit. Postquam autem legionem praedictam occidit xpm [=christum] dominum confitentes: praefati ccclx christianissimi ab eodem imperatore discedentes per diversa loca fugerunt: quorum precipui erant cassius: florentius: ger[e]on: malosus: et victor. Qui una cum eorum sociis ccclv [355] trino martyrio ternis in locis coronati: una et eadem die ab ecclesia recoluntur: cum tamen diversis diebus passi fuerint: vt scribit hellinandus. Nam cum de mandato imperatoris maximiani milites eius gentiles praefatos christianos insequentes : hinc inde eos requirent : cassium et florentium cum alijs septem apud beronam vrbem circa rhenum fluuium inuenerunt : quos ibidem in xpi [=christi] professione decollauerunt : quorum passio agitur vj idus octobris [=10. Oktober].

De sanctis Ger[e]one et socijs martyribus. Capitulum 47

GEr[e]on martyr cum sociis cccxviij [318] apud coloniam ag[r]ippinam passi sunt. Cum enim persecutores ab imperatore maximiano destinati ad predictos milites ccclx occidendos, Cassium et florentium cum alijs septem interfecissent : vt supra dictum est. Ger[e]onem militem cum comitiva cccxviij militibus in campis colonie inuenerunt. Quos omnes xpm [=christum] dominum confitentes gladijs trucidarunt. Quorum festum colitur vj idus octobris [=10. Oktober].

1561 Ado von Vienne: Breviarium Chronicorum: Eucherius[36]

ADONIS VIENNEN- | SIS ARCHIEPICOPI, BRE- | uiarium Chronicorum ab origine mundi ad sua vsque tempora, id est ad regnum Ludouici[37] Francorum regis cognomento Simplicis, an[no] Domini dccclxxx. | Parisiis, MDLXI. | Apud Guil[elmum] Morelium typographum Regium, & Guilelmum Guillard, ac Almaricum Warancore sub D. Barbarae signo in via Iacobaea. | Privilegio regis. |

| 171

[Zu den Jahren 453-458:]

Eucherius Lugdunensis episcopus, satis in diuinis scripturis eruditus, moritur. Hic etiam inter alia opera, Cassiani quaedam opuscula lato tensa eloquio, angusto tramite in vnum coegit volumen.

1606 Eucherius: Von dem Leben und Martyr der dapfferen weitberühmpten Thebeischen Rittern und Martyrern Sankt Mauritzen und seiner Gesellen[38]

VON DEM LE- | ben und Martyr der dapff- | eren weitberůhmpten Thebeischen Rittern und Martyrern S[ankt] Mau- | ritzen und seiner Gesellen, welche die ǒbersten Haußherren und Patronen dises wůrdigen Gottshauß seind, nach Gott unnd seiner lieben Mutter Maria. | Beschriben durch Eucherium Bischoffen zu Lugdun[um] |

| 3

ALs Diocletianus, deß Rǒmischen Reichs Verwalter zu der Herrschung der gantzen Welt erwǒlet war, unnd sahe alle Prouintzen, durch etliche Freuel verwirret sein, nam er jhm zu eim Mitgehůlfen im Keyserthumb und in der Arbeit, den Herculeum Maximianum, welcher vormals sein Spießgesell gewesen war. Denselbigen fertiget er ab nach Franckreich wider Amandum und Elianum, welche auß knechtlicher Vermessenheit, wider die Bagauder zu den Waffen gegriffen hetten, und zu eim Zusatz oder Nachtruck deß Kriegsheers, hat er eine gantze Thebeische Legion Kriegsleuth von Orient mit jhm ziehen heissen, welche Legion 6666 hertzhaffter unnd wolgewaffneter Mǎnner, nach alter Rǒmischer Sitt, inn sich hielt. [Aa ij]

| 4

Nun hetten dieselben Kriegsknechte den Christlichen Glauben, nach Orientischer Lehr und Underweisung von dem Bischoff zu Jerusalem empfangen, und hielten den heiligen Glauben thewrer und werther, dann Wehr unnd Waffen. Unnd als sie sich auff den Weg nach Rom machten, haben sie denselben Christlichen Glauben, so sie empfangen, bey dem H[eiligen] Marcellino[39], der vorgedachten Statt Rom Bischoff bestǎttigt, also daß sie ehe mit dem Schwerdt zu grund gehen wollten, ehe und daß sie den H[eiligen] Glauben Christi wollten brechen. Derhalben als sie von dem Keyser Diocletiano warden angenommen, ist jhnen gebotten worden, die Reyse auff Franckreich, nach seinem Mitgespanen Maximiano, wie sie angefangen, fort zu strecken. Maximianus der Keyser war auß langer Ubung wol taugenlich unnd geschickt, aber – dieweil er war ein sonderbarer

| 5

Abgǒtter – eines grimmigen Gemůts, grausam auß Geitz, aller Unlauterkeit unnd Můthwillen ergeben, unnd mit den ubrigen Lastern behafft, hat er die Keyserliche Durchleuchtigkeit unnd Gůte, mit unbescheidner Grausamkeit verwůstet, als er in Franckreich eylet, ist er zu dem Penienischen[40] Gebůrg unnd Alpen gekommen. Unnd als sie uber das hoch Gebůrg gezogen, sihe da kamen sie ohnversehener Sache nah einem gefǎhrlichen unnd scheutzlichen Weg auff ein sehr lustige Ebne, an welchem Orth eine Statt, mit Nammen Octodurus [=Martigny], gebauwen ist, und welche gar schǒne wolgewǎsserte Wysen, und gar ein Fruchtbarer Ackerbaw gelegen ist, unnd fůrnemblich der Fluß Rodan [=Rhone] einen starcken lauff gewindt. Derhalben da sie uber das Gebůrg gestigen, ist der Keyser Maximianus gen Octodurum kommen. Unnd als er daselbst seinen Abgǒttern opfferen wolt, hat er [Aa iij]

| 6

das gantze Herr zusammen berůfft und mit ernstlichem Befelch gebotten, sie sollten alle sampt bey den Altåren, so den bősen Geystern geweycht waren, schweren, daß sie mit einheiligem Gemůth wider der Bagauder Auffrůhr steiten, hergegen aber die Christen, als Feinde seiner Gőtter auff das hefftigest, hassen unnd verfolgen wollten. Diß Gebott vernam bald der Thebeer Legion, unnd damit sie dem Gebott entweychen, wurden sie der Sachen eins, fuhren mit grosser eyl acht Meyl Wegs von Octodur an den Rodan, auff einen lustigen Platz, Agunum [=Acaunus/Saint-Maurice] geheissen, dahin sie jhre Låger schlůgen, daselbst deß Außgangs der sachen zu erwarten.

[...]

| 10 f

[Maximianus spricht voller Zorn:] Wie? Verachten meine Kriegsknecht unser Gebott, unnd die Ordnung der Opffer? Es sollte mit einer offentlichen Straff gerochen werden, wann sie nur allein die Keyserliche Mayeståt getrutzt und veracht hetten. [...] Eyl und saume dich nicht, du mein getrewer, schlag allezeit jeden zehenden Mann zu todt, ob jhnen villeicht ein Forcht und Schrecken mőchte eingeworffen werden. Es sollen diejenigen, welche durch das Loß am ersten daran můssen, auß jhrem gleichen Todt lernen, wie måchtig sich Maximianus fůr sich und fůr seine Gőtter mit solcher Strenge und Grimmigkeit gerochen haben.

[Die kaisertreuen Soldaten gingen zu den Christen und] erőffneten jhnen das Keyserlich Gebott, erschlůgen und ermordeten alle die, so nach der ordnung inn der zahl die ersten waren. Sie aber die heiligen Ritter entsatzten sich gar nicht darab, streckten den Henckern mit Frewden die Håls dar, unnd trungen sich miteinander umb diesen theuren Todt, dann eine jeder gern der erst decimiert unnd Zehend gewesen wår. [...]

| 11 ff

[Nach diesem Massaker soll die Legion nach Octodurum zurückkehren, aber Mauritius, der oberst Feldthauptmann, spricht zu der Legion und verweigert den Gehorsam. Euxuperius/Exsuperius, ein Fendrich [=Fähnrich] unterstützt ihn. Maximianus] schickt derhalben den ganzen Heerzeug, heißt die Thebeische Legion umbgeben, unnd gar keinen von einem so grossen unnd heyligen Hauffen uber lassen, es geschahe daß sie zu dem Christlichen Hauffen kommen, von stundan umbgab sie die gantze Anzahl der Henckersbůben. Jung unnd alt warden zutodt geschlagen, niemands warde geschonet, die heyligen Cőrper warden zerhackt, zerrissen unnd zertretten, die frommen Ritter aber befahlen GOtt jhre Seelen mit der standthafftigen Bekandtnuß deß Glaubens durch den Todt. Das Erdtrich warde gantz bedeckt von den leibern dieser gerechten Månner, die umb unnd umb lagn, unnd flossen gantze Båch daher von dem kőstlichen Blůt der Martyrer. [...]

| 23 ff

[Ein Veteran namens Victor kommt hinzu, ist entsetzt über das Geschehene und wird, als er sich als Christ bekennt, ebenso getötet. – Namentlich bekannt sind Mauritius, Exsuperius, Candidus und Victor, angeblich auch Ursus und ein weiterer Victor, der bei Solothurn getötet worden sein soll. – Etliche sind aus dieser Legion aber entkommen, z. B. Verena, Salutor, Aventor; Octavius ist in Thurin in Bemund, Alexander in Bergamo, Secundus in Victimilio, Anthonius in Placentz gestorben. Ferner Felix mit seiner Schwester Regula und Exuperantius.]

| 29 f

Aber der heiligen Agaunensischer Martyrer Leiber, seind nach vilen Jahren, dem heyligen Theodoro, desselbigen Orths Bischoff geoffenbahret worden. Inn welches Ehr ein Kirch gebawet ward. An welchem Orth, tåglich vil Mirackel unnd Wunderzeichen geschehen. [...] Diese heiligen Martyrer haben gelitten, als man zahlt nach Christi Geburt 288 den 22. Septembris.

1612 Gennadius : Libellus: Eucherius[41]

S[ANCTI] GENNADII | MASSILIENSIS | presbyteri | Libellus, | In quo Catalogum illustrium Ecclesiae doctorum a D[omino] Hieronymo consignatum pertexit, ac centum scriptores ordine recenset. | Recognitus, & quattuor diuversarum editionum | collatione emendatus. | Cum Indice. | Helmaestadii, Ex officina typographica Iacobi Lucij, | Anno MDCXII.

EVCHERIVS Lugdunensis ecclesiae episcopus, scripsit ad Valerianum propinquum suum, de contemptu mundi & secularis philosophiae epistolam vnam, scholastico & rationabili sermone. Disseruit etiam ad personam filiorum Salonij & Vrani[42] postea episcoporum, obscura quaeque sanctarum capitula scripturarum. Sed & Cassiani quaedam opuscula lato tensa eloquio, angusto resolvens verbi tramite, in vnum coegit volumen, aliaque tam ecclesiasticis quam monasticis studijs necessaria. Moritur sub Valentiano[43] & Martiano[44] regnantibus [=nach 450 n.Chr.]

1617 Eucherius: Mauricius Thebaeae legionis dux[45]

D[ominus] Mavricivs, | THEBAEAE LE- | GIONIS DVX ET | signifer, | Jam olim | a S[ANCTO] EVCHERIO EPI- | SCOPO LVGDVNENSI XX, | Nunc iterum a Petro Stevartio | Leodio, S[anctissimae] Theol[ogiae] D[octore] Professore, et Procancellario Ingolstad[ensi] & ibidem ad D[omini] Mavricii Parocho, &c, in theatrum productus, | [...] | Ingolstadii, *Ex Typographo Ederiano, apud Elisabetham Angermariam Viduam.* | Anno MDCXVII. |

| 7

Historia.

Caput I.

Diocletianus Romanae Repub[licae] Princeps, cum ad Imperium totius orbis fuisset electus, omnesque prouincias turbari quorundam praesumptione perspiceret ; ad consortium Imperij, vel laboris, olim sibi commilitonem Herculeum Maximianum Caesarem fecit : eumque contra Amandum et Aelianum, qui in Bagaudarum[46] nomen praesumptione seruili, arma commouerant, ad Gallias destinauit. Cui ad supplemetum exercitus, Legionem Thebaeam, ex orientalibus militibus, ire praecepit. Quae legio, sex millia, sescentos, sexaginta sex [=6.666] viros validos animis, et instructos armis, antiquorum Romanorum habebat exemplo.
Hi igitur milites, Christianae religionis

| 8

ritum Orientali traditione, a Hierosolymitanae Vrbis Episcopo susceperant, fidemque sacram, virtuti & armis omnibus praeponebant. Ad vrbem quippe Romam itinere attingentes, eandem Christianitatis fidem, quam acceperant, apud beatum Marcellinum, praedictae Romanae Vrbis Pontificem[47], confirmauerunt : vt ante gladio interirent, quam sacram fidem Christi, quam acceperant, violarent. Recepti igitur a Diocletiano Caesare, iubentur vt post Maximianum collegam, iter quod ceperant, ad Gallias tenderent.

I 12

Caput II.

Maximianus Caesar, vsu quidem militiae, bellis aptus ; sed idolorum specialis cultor, ferus animo, avaritia crudelis, libidini deditus, caeterisque vitiis obsessus ; serenitatem Imperatoriam nimia crudelitate polluerat. […] Transcensis igitur Alpibus, Maximianus Caesar Octodorum [=Martigny] venit : ibique sacrificaturus idolis suis, conuenire exercitum iussit, atroci proposita iussione, vt per aras Daemonibus consecratas iurarent, aequalibus sibi animis contra Bagaudarum turbas esse pugnandum : Christianos vero, velut inimicos diis suis, ab omnibus persequendos.

I 14

[…]

Caput III.

Quod ubi primum peruvenit ad notitiam Thebaeae legionis, praeteriens Octodorense oppidum, ad locum, cui Agauno [=Acaunus/Saint-Maurice]

I 15

nomen est, celeriter properavit : vt octo millium spatio ab Octodoro separata, necessitatem commitendi sacrilegij praeteriret. […] fessi milites legionis Thebaeae, post laborem tanti itineris resederant.

I 17

[…]

Caput IV.

Maximianus Caesar, dum ad Sacramenta superis memorata cunctos in exercitu suo cogeret ; agnovit, vt diximus, praetergressam legionem. Subito iracundiae furore completus, Satellites mittit, vt legionem ad Sacramentorum suorum sacrilegia reuocarent. Erat in eadem legione primicerius MAVRITIVS, & signifer EXUPERIVS, et CANDIDVS Senator ; qui ita commilitonibus suis praeerant, vt amore potius diuinitatis, quam terrore militari obenunda praeciperent :

[In den folgenden Kapiteln werden Reden wiedergegeben, die Mauritius und Exuperius an ihre christlichen Kameraden gehalten haben sollen, in denen sie sie zu ihrer Standhaftigkeit im Glauben beglückwünschen – angesichts der drohenden Dezimierung. Die Männer werden getötet. Victor, der später hinzukommt und sich ebenfalls als Christ bekennt, wird ebenso hingerichtet.]

1643 Acta Sanctorum[48]

Verosimillime sub seculi hujus finem aut sequentis initium SS. Gereon & Victor, Cassiusque item ac Florentius cum suis quique Sociis Coloniae Agrippinae & in ejus Vicinia sunt passi.

1645 Gelenius: Fasti Colonienses[49]

De admiranda, sacra, |et civili magnitvdine | COLONIAE | CLAVDIAE | AGRIPPINENSIS AVGVSTÆ | Vbiovm vrbis. | Libri IV. | [...] AUTHORE | Ægidio Gelenio S[anctissmimae] Th[eologiae] L[icentiato] ad S[ancti] Andreae Canonico, Consiliario | Eccelesiastico & Historiographo Archiepiscopali. | Coloniæ Agrippinæ, | Apud Iodocvm Kalcovivm Bibliopolam. | Anno MDC XLV. | Cum Licentia Vtrivsque Magistratus.|

Sexto Nonas Maij die [=02. Mai]

Bonnae in territorio Coloniensi translatio *Sanctorum Caßij, Florentij & Mallusij* Martyrum Thebaeorum ex quibus S. Mallusium vel Mallosum - vti habent exemplaria Gregorij Turonensis – Monstrante quodam Metensis ecclesiae Diacono diuinitus per visum edocto. B[eatus] Euergislus vel Euergisilus eleuauit & in Basili[c]am eius memoriae exstructam transtulit, teste Gregorio Turonensi[50] *lib[ro] i. de glor[ia] mart[yrum]* c. 63, apud quem mendose pro Bonnensi vel Veronensi {sic enim etiam antiqui appellarunt Bonnam} legitur Bertunense oppidum, sed ex toto contextu ibidem prodit se error scripturae. Eosdem deinde Martyres Anno 1166. Reinaldus Archiepiscopus & Gerardus Bonnensis Praepositus, cum Venerabilis Cleri deuotione & multitudine populi eleuarunt, inuento sicco quidem, sed euidenti sanguine ipsorum, quem ante annos plusquam octingentos septuaginta[51] pro Christo profuderant.

1673 J. Gerhardus: Patrologia: Eucherius[52]

Johannis Gerhardi, | S[anctissimae] Theologiae doctoris ejusdemque in Academia Jenensi professoris publici | PATROLO- | GIA, | sive | De Primitivae Ecclesiae Christianae Doctorum vita ac lucubrationibus opusculum posthumum | [...] editio tertia [...] | Sumptibus Johannis Theodori Fleischeri, | Bibliopolae Jenensi. | Gerae, Literis Müllerianis. | Anno MDC LXXII. |

| 430

Evcherivs

S[anctus] Eucherius, Episcopus Lugdunensis, vixit temporibus Theodosii senioris & Valentiniani, & sub Valentiniano & Martiano Imp[eratoribus] obiit circa annum Domini 433, ut scribunt Gennadius[53] de viris illust[ribus] & et Ado[54] Viennensis in Chronico.

[Baronius[55] (Annalen) und Bellarmin[56] (de scriptoribus ecclesiasticis) meinen allerdings, er habe bis 463, ja sogar bis 499 gelebt. Die Thebäer werden in dem Artikel nicht erwähnt.]

Abbildungen

Abbildung 3: Gereon

(Petrus de Natalibus, 1514)

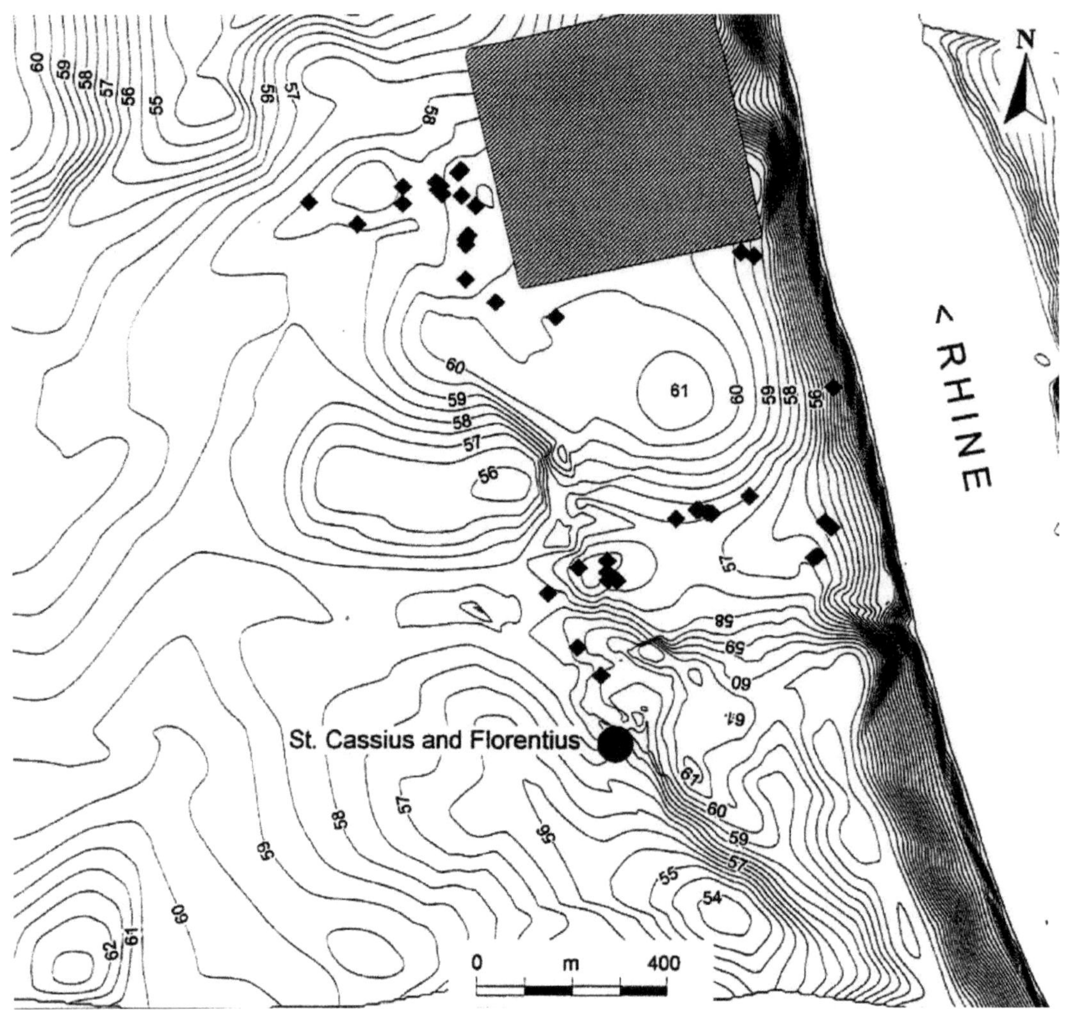

Abbildung 4: Grabplätze im spätantiken Bonn, oben rechts das ›castra‹

(Müssemeier, 2004, S. 124)

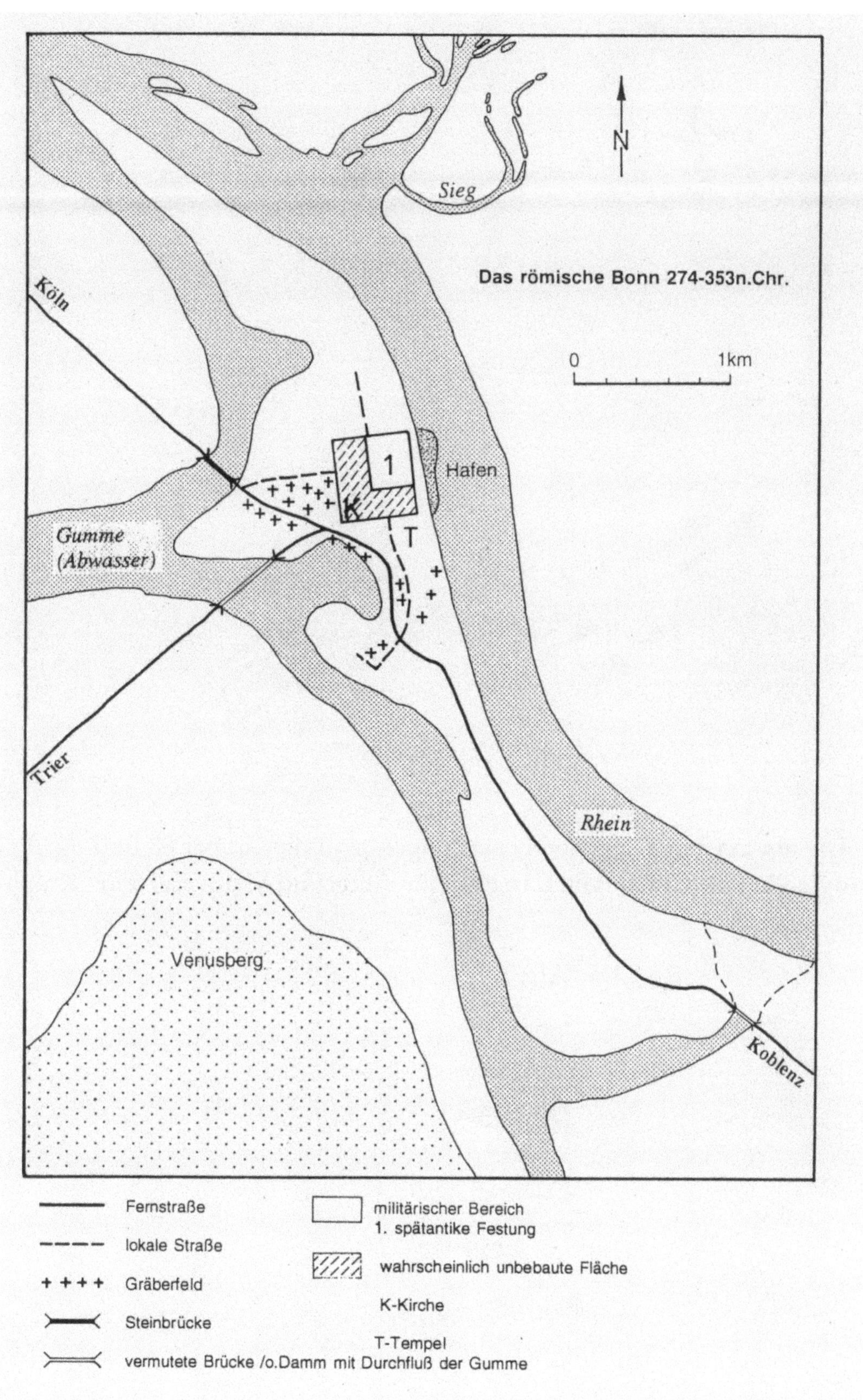

Abbildung 5: Gräber in Bonn

Abb.3: Belegungsphase I und II des Gräberfeldes (bei 54.50 mNN)
O
N
S
W
44
46
45
79
74
86
103
104
102
93
92
62
91
29
33
27
84
59
83
43
23
1
2
3

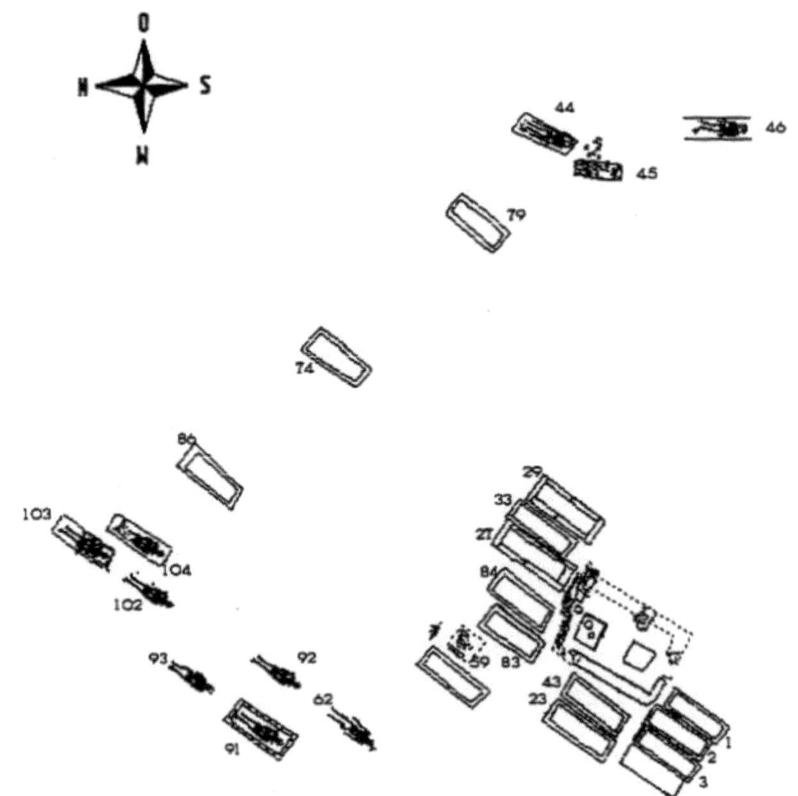

Abbildung 6: Die frühen Gräber unter dem Bonner Münster

Die am tiefsten gelegenen Bestattungen sind die Gräber 83 und 84; die Gräber 1, 2 und 3 sollen die Gräber von Cassius, Florentius und Mallusius sein. (Kremer, 1993)

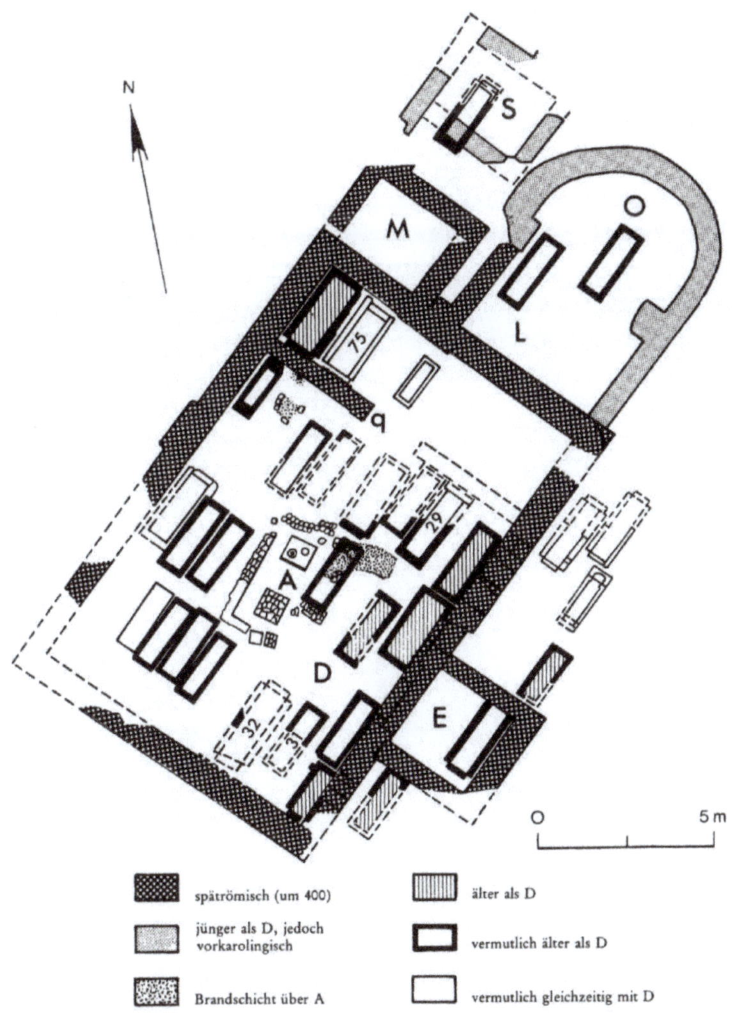

Abbildung 7: ›cella memoriae‹ und Bau D

(Kremer, 1993)

Abbildung 8: ›cella‹ im Münster-Carree

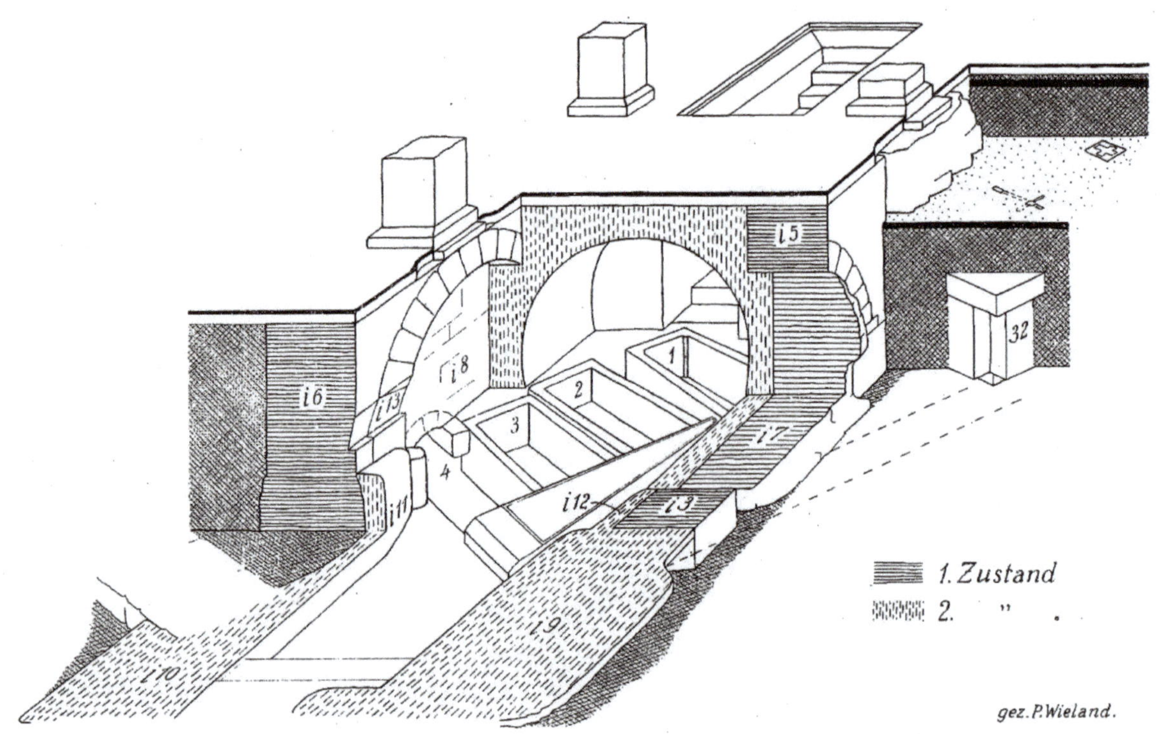

Abbildung 9: Die Gruft 1928

(Lehner/Bader, 1932, S. XI)

Abbildung 10: Die Gruft 2011

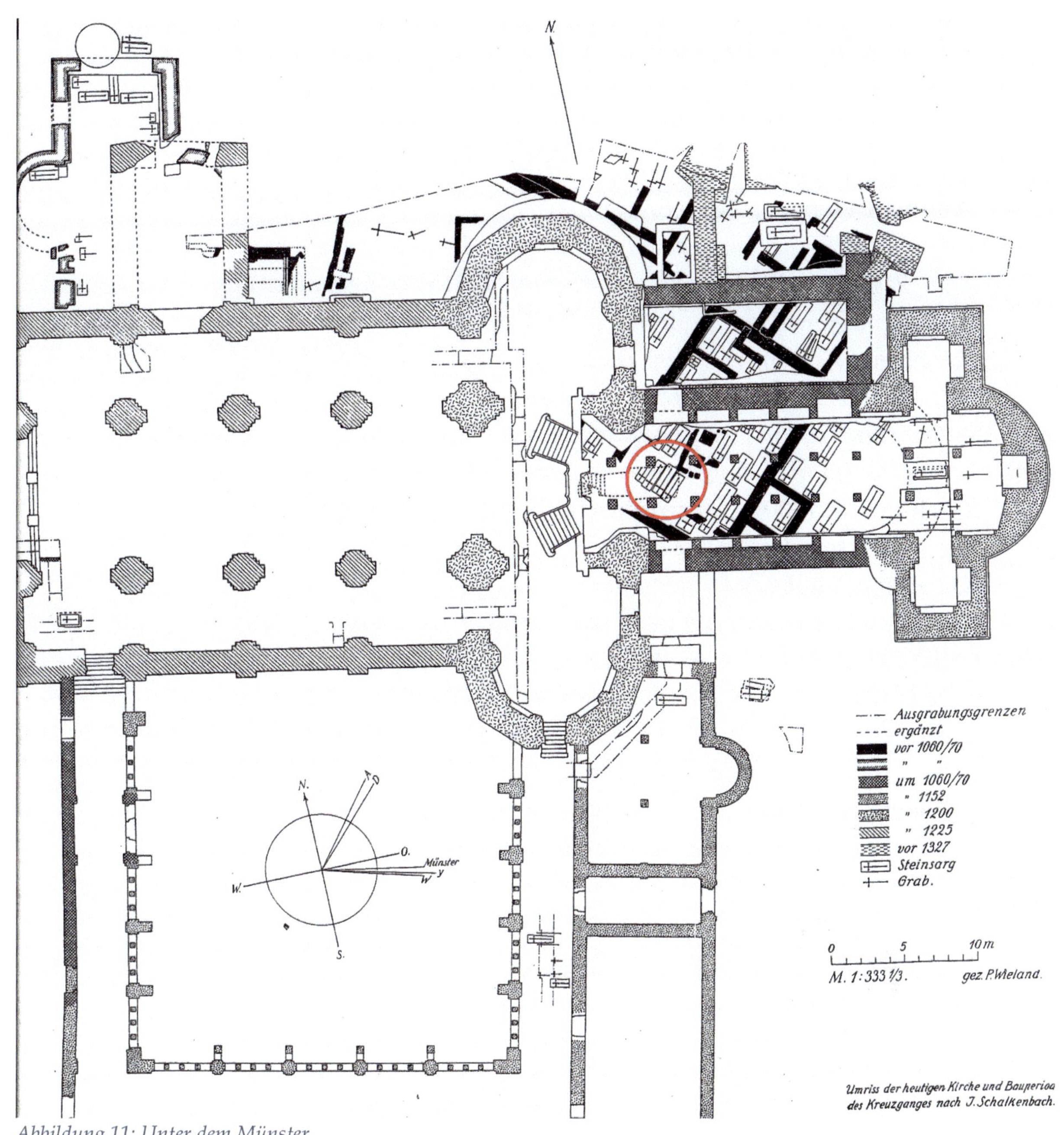

Abbildung 11: Unter dem Münster

In Rot die heute zugänglichen Gräber 1-4
(Lehner/Bader, 1932).

Literaturverzeichnis

Acta Sanctorum Bollandiana (Bd. 5). (1852). Brüssel.

Ado von Vienne. (1561). *Breviarium chronicorum.* Paris: Morel.

Deroy. (1826). *Les bords du Rhin. Souvenir des plus beaux sites.* Paris: Wild.

Duo Passiones Acaunensium Martyrum. (2015). Abgerufen am 02. Oktober 2017 von passiones.textandbytes.com: http://passiones.textandbytes.com

Eucherius. (1606). *Von dem Leben und Martyr der dapfferen weitberühmpten Thebeischen Rittern und Martyrern ...* Konstanz.

Eucherius. (1896). Passio Acaunensium martyrum. In M. G. historica (Hrsg.), *scriptores rerum Merovingicarum, Bd.3* (S. 20 ff).

Gechter, M. (2001). Das römische Bonn- ein historischer Überblick. In M. van Rey (Hrsg.), *Geschichte der Stadt Bonn, Bd.1* (S. 35 ff). Bonn.

Gelenius, A. (1645). *De admiranda sacra et civili magnitudine Coloniae.* Köln: Kalkovius.

Gennadius. (1612). *Libellus in quo catalogum illustrium ecclesiae doctorum ...* Helmstedt: Lucius.

Gerhardus, J. (1673). *Patrologia.* Jena: Fleischer.

Gregor von Tours. (1885). Liber miraculorum, Bd.1. In Monumenta Germaniae historica (Hrsg.), *Scriptores rerum Merovingicarum, I, 2* (S. Hannover).

Helinandus, F. (1852). Sanctorum Gereonis, Victoris, Cassii et Florentii Thebaeorum martyrum passio. In *Acta Sanctorum: Octobris, Bd.5.* Brüssel.

Helinandus, F. (kein Datum). *Passio sanctorum Gereonis Victoris Cassii Florentii.* Abgerufen am 18. 10 2011 von http://www.kennydominican.joyeurs.com/LatinPatrology/HelinandusMartyrumPassio.htm

Helinandus, F. (kein Datum). Sanctorum Gereonis, Victoris, Cassii et Florentii Thebaeorum martyrum passio. In Migne, *Patrologia Latina* (Bd. 212).

Hondorf, A. (1573). *Calendarium sanctorum et historiarum.*

Höroldt, D. (1957). Das Stift St. Cassius zu Bonn von den Anfängen der Kirche bis zum Jahre 1580, 2. Aufl.1984. *Bonner Geschichtsblätter, 11,* S. 1 ff.

Höroldt/Keller/Müssemeier. (2010). Das frühchristliche Bonn von der Spätantike bis ins hohe Mittelalter. *Bonner Geschichtsblätter, 60,* S. 164 ff.

Jäggi, C. (2005). Die Verehrung der Thebäerheiligen in Spätantike und Frühmittelalter. In W. e. al. (Hrsg.), *Mauritius und die Thebäische Legion...* (S. 173 ff). Fribourg.

Kaiser, M. (1996). Die römische Gräber von Bonn und ihr Bezug zur topographischen Entwicklung des Legionsstandortes. *Bonner Jahrbücher, 196,* S. 469 ff.

Kaiser, M. (2001). Die Gräber des römischen Bonn vom 1. bis zum 4. Jahrhundert. In M. v. Rey (Hrsg.), *Geschichte der Stadt Bonn, Bd.1* (S. 223 ff). Bonn.

Keller, C. (2006). Legende auf dem Prüfstand. *Archäologie in Deutschland, 5.*

Keller/Müssemeier. (2001). Die merowinger- und karolingerzeitlichen Bauten unter der Münsterkirche in Bonn. In Pohl/Recker/Theune (Hrsg.), *Archäologisches Zellwerk. Festschrift für Helmut Roth* (S. 287 ff). Rahden.

Kremer, J. (1993). *Studien zum frühen Christentum in Niedergermanien, phil.Diss.* Bonn.

Lehner, H. (1930). Römische Steindenkmäler von der Bonner Münsterkirche. *Bonner Jahrbücher, 135.*

Lehner/Bader. (1932). Baugeschichtliche Untersuchungen am Bonner Münster. *Bonner Jahrbücher, 136/137,* S. 1 ff.

Levison, W. (1932). Die Bonner Urkunden des frühen Mittelalters. *Bonner Jahrbücher, 136/137.*

Martyrologium Hieronymianum. (1894). In de Rossi / Duchesne (Hrsg.), *Acta Sanctorum: Novembris Bd.2, 1. Teil* (S. 1 ff). Brüssel.

Martyrologium Hieronymianum. (10. 07 2011). Abgerufen am 18. 10 2011 von de.wikipedia.org: http://www.de.wikipedia.org

Münsterarchiv (Hrsg.). (kein Datum). Catalogus praepositorum Bonnensium., *237.* Abgerufen am 11. 01 2018

Müssemeier, U. (2004). *Die merowingischen Funde aus der Stadt Bonn und ihrem Umland. Phil. Diss.* Bonn.

Näf, B. (2005). Eucherius von Lyon, Theodor von Octodurus und ihre Legionäre. In W. e. al. (Hrsg.), *Mauritius und die Thebäische Legion....* (S. 95 ff). Fribourg.

Pertz, G. H. (1861). *Annales Colonienses maximi.* Stuttgart.

Petrus de Natalibus. (1514). *Catalogus sanctorum et gestorum eorum ex diversis voluminibus collectus.* Lyon: Saccon.

Ristow, S. (2007). *Frühes Christentum im Rheinland. Die Zeugnisse der archäologischen und historischen Quellen an Rhein, Maas und Mosel.* Köln.

Seeliger, H. R. (2006). Thebaische Legion. In *Lexikon für Theologie und Kirche* (Bd. 9, S. 1386 f). Freiburg: Herder.

Speidel, M. (2005). Die Thebäische Legion und das spätrömische Heer. In W. e. al. (Hrsg.), *Mauritius und die Thebäische Legion ...* Fribourg.

Stevart, P. (1617). *Mauricius Thebaeae legionis dux.* Ingolstadt: Eder.

Trithemius, J. (1494). *Liber de scriptoribus ecclesiasticis.* Basel.

Vogel, J. P. (1766). *Bönnische Chorographie.* Bonn.

Wermelinger, O. e. (Hrsg.). (2005). *Mauritius und die Thebäische Legion. Akten des internationalen Kolloquiums Freiburg, Saint-Maurice, Martigny.* Fribourg.

Zelzer, M. (2005). Die Überlieferung der Passio. In e. Wermelinger (Hrsg.), *Mauritius und die Thebäische Legion ...* (S. 325 ff). Fribourg.

Index

Anmerkungen

[1] (Eucherius, Passio Acaunensium martyrum, 1896, S. 20 ff), so auch (Stevart, 1617, S. 46), siehe Seiten 19 ff. und Seiten 32 ff.
[2] (Duo Passiones Acaunensium Martyrum, 2015), siehe Seite 24 ff.
[3] angeblich im Jahre 288 n. Chr., siehe Seite 33.
[4] (Gregor von Tours, 1885, S. 530).
[5] oder: Hélinand de Froidmont O.Cist., ca. 1160-1229 ; nach (Helinandus, Passio sanctorum Gereonis Victoris Cassii Florentii), siehe Seiten 29 ff.
[6] nach (Seeliger, 2006, S. 221) wird Gereon erst ab ca. 800 zur thebäischen Legion gezählt.
[7] Eine Fälschung: (Seeliger, 2006, S. 222)
[8] Acta Sanctorum: Octobris tomus quintus (Brüssel 1786): dies Decima, Index chronologicus.
[9] (Vogel, 1766, S. 145 ff).
[10] Siehe Seite 29.
[11] Siehe Seite 36.
[12] nach (Levison, 1932, S. Nr.5).
[13] nach (Lehner/Bader, 1932, S. 76).
[14] Ammianus Marcellinus, Res gestae, Bd. 18, Kap.2,4.
[15] nach: (Kaiser, 1996, S. 470 ff) und (Kaiser, 2001, S. 223 ff), dort auch das folgende.
[16] nach (Lehner/Bader, 1932, S. 158), siehe Seite 19.
[17] nach (Lehner/Bader, 1932, S. 73), siehe Seite 29.
[18] nach (Lehner/Bader, 1932, S. 158).
[19] Text einer Handschrift des 6. Jahrhunderts aus der Abtei Condat, in der Bibliotheque nationale de France (Paris), lat. 9550, f. 81 – 86; nach http://passiones.textandbytes.com/ am 01.10.2017.
[20] Gregor von Tours, Liber in gloria martyrum, in MGH: Script. rerum merov., I, 2, S.530.
[21] aus: (Levison, 1932, S. # 5).
[22] = in der Vorstadt des Castrum Bonn (Levison).
[23] Rheinbreitbach oder Braubach (Levison).
[24] Chlodwig III. (Levison).
[25] Handschrift vom Ende des 8. Jahrhunderts, in Turin (D.V. 3), f. 35 – 43, nach http://passiones.textandbytes.com am 02.10.2017.
[26] Handschriftliche Abschrift des 19. Jahrhunderts im Münsterarchiv, Signatur 237.
[27] Handschr. durchgestrichen und verbessert zu „Are".
[28] Randnotiz.
[29] Friedrich von Berg-Altena (* um 1120?; † 15. Dezember 1158 bei Pavia) war als Friedrich II. von 1156 bis 1158 Erzbischof des Erzbistums Köln.
[30] aus: (Lehner/Bader, 1932, S. 73), ein Zitat aus der Kölner Königschronik: (Pertz, 1861, S. 780).
[31] Fundstelle: (Helinandus, Sanctorum Gereonis, Victoris, Cassii et Florentii Thebaeorum martyrum passio)
[32] Fundstelle: (Trithemius, 1494).
[33] Theodosius II. (* 401 † 28. Juli 450) war von 408 bis zu seinem Tod oströmischer Kaiser.
[34] Fundstelle: (Petrus de Natalibus, 1514) in UB Freiburg, Signatur K 6447,e.
[35] Ado von Vienne (* 799 in der Champagne; † 16. Dezember 875) war Erzbischof von Vienne; er verfasste das ›Martyrologium Adonis‹, in welchem mit den Namen der Märtyrer und Bekenner kurze geschichtliche Nachrichten verbunden sind, und Legenden seines Vorgängers, des hl. Desiderius von Vienne, sowie des Abtes Theudarius, des Gründers der Abtei Saint-Chef.
[36] Fundstelle: (Ado von Vienne, 1561).
[37] Ludwig II. (846-879).
[38] Fundstelle: (Eucherius, Von dem Leben und Martyr der dapfferen weitberühmpten Thebeischen Rittern und Martyrern ..., 1606).
[39] Marcellinus wurde erst 296 zum Bischof von Rom geweiht.
[40] Walliser Alpen oder Penninische Alpen: Alpengruppe auf der schweizerisch-italienischen Grenze zwischen Großem St. Bernhard, Simplonpass, Rhône und Dora Baltea.
[41] Fundstelle: (Gennadius, 1612).

[42] Randvermerk: „alij Veroni".
[43] Valentinian III. (419-455), weströmischer Kaiser seit 450 n. Chr.
[44] Flavius Marcianus (ca. 390-475), oströmischer Kaiser seit 450 n. Chr.
[45] Fundstelle: (Stevart, 1617), Staatl. Bibliothek Regensburg, Signatur 999/4 Hist. Eccl. 740.
[46] Bagauden (eventuell vom keltischen baga [Kampf] abgeleitet) wurden im 3. Jahrhundert und in der Spätantike bewaffnete Bauern und Hirten in Gallien und Hispanien genannt, die sich gegen die römische Regierung erhoben; ihre Anführer waren Amandus und Aelianus.
[47] Marcellinus wurde erst 296 zum Bischof von Rom geweiht.
[48] Fundstelle: (Acta Sanctorum Bollandiana, 1852): Octobris tomus quintus, dies decima. index chronologicus.
[49] Fundstelle: (Gelenius, 1645, S. 707), fast wörtlich nach der Kölner Königschronik: (Pertz, 1861, S. 780).
[50] Siehe oben: c. 62 [Mallosus] Seite 23.
[51] Also im Jahre 296 n.Chr.
[52] Fundstelle: (Gerhardus, 1673).
[53] Gennadius von Marseille († um 496) war ein christlicher Priester und Geschichtsschreiber. Sein bekanntestes Werk ist De Viris Illustribus (Über berühmte Männer), Biographien von mehr als neunzig wichtigen zeitgenössischen Christen.
[54] Ado von Vienne, seit 860 Erzbischof † 875 n. Chr.: Chronicon (bis 869), siehe auch Anmerkung 35.
[55] Cesare Baronio (lat. Caesar Baronius) (* 30. August 1538 in Sora im Neapolitanischen; † 30. Juni 1607 in Rom) war ein italienischer Kardinal und Kirchenhistoriker. Sein Hauptwerk sind die Annales ecclesiastici a Christo nato ad annum 1198.
[56] Johann Trithemius ist der Verfasser „de scriptoribus ecclesiasticis" 1494. Dort auf Seite 28: Eucherius.